PROCÈS DU CORSAIRE,

PRÉVENU D'EXCITATION A LA HAINE ET AU MÉPRIS DU GOUVERNEMENT.

PROCÈS DU NATIONAL.

ACCUSATION CAPITALE

CONTRE MM. PAULIN ET HINGRAY,

PRÉVENUS DE PROVOCATION, SUIVIE D'EFFET, AU RENVERSEMENT DU GOUVERNEMENT.

PARIS.

1832.

COUR D'ASSISES DE LA SEINE.

PROCÈS DU CORSAIRE.

AUDIENCE DU 28 AOUT 1832.

PRÉSIDENCE DE M. BRYON, CONSEILLER.

Le 6 juin dernier, *le Corsaire* rendit compte des funérailles de l'illustre général Lamarque et des événemens qui avaient signalé la journée et la soirée du 5 juin.

Voici l'article publié par M. Viennot, gérant du *Corsaire*.

OBSÈQUES DU GÉNÉRAL LAMARQUE.

Il y a peu de jours, devant l'étalage de pompe officielle qui suivait les restes d'un président du conseil des ministres, nous rappellions les souvenirs des funérailles nationales de Foy, de Manuel, de Benjamin Constant. Nous étions bien loin de penser qu'une triste démonstration viendrait de nouveau dire toute la grandeur réelle de la douleur populaire et toute la puérile vanité de la douleur administrative.

Hier, Paris ouvrait la marche du convoi funèbre qui escortera le général Lamarque à sa demeure dernière.

Dès le matin, tous les ordres de citoyens, empressés, tristes, mêlant le deuil aux couleurs nationales se rendaient aux endroits indiqués, comme points de réunion.... Et nous, malgré les émotions qui nous agitaient, malgré les larmes qui se confondaient avec nos idées de liberté, nous savions quel devoir nous avions à remplir; nous n'avons rien négligé pour payer dignement à une telle mémoire un dernier témoignage d'admiration. Maintenant nous accomplissons cette tâche, sous le poids de tout ce que peut jeter d'indignation et d'espérance dans le cœur d'un citoyen, le spectacle que nous avons sous les yeux.

La maison mortuaire se faisait remarquer de loin par de larges tentures noires, la foule se pressait aux avenues; toutefois l'ordre régnait. Sur les boulevarts, sur la place de la Révolution, les

1

compagnies de la garde nationale de Paris et de la banlieue, nombreuses comme aux jours de leurs premières revues, prenaient leurs rangs; les écoles de droit, de médecine et de commerce, l'école vétérinaire d'Alfort agitaient leurs bannières tricolores; la *Société des Amis du peuple* occupait le milieu de la place; les compagnies d'artillerie de la garde nationale étaient arrivées des premières à ce poste de patriotisme; plus loin les corporations d'ouvriers, parmi lesquelles la corporation des typographes se distinguait par le nombre de ses membres et par ses drapeaux à banderoles flottantes; puis les décorés de juillet, se joignaient à cette foule et se préparaient à suivre le convoi.

Dans la rue Saint-Honoré, au-delà de la Madeleine, les réfugiés polonais, avec le brave général Ramorino et ses aides-de-camp, attendaient qu'on leur désignât le rang qu'ils devaient occuper dans le cortége; pendant ce temps, sur le boulevart, les réfugiés italiens et les réfugiés espagnols se disposaient à marcher sur trois files.

Pour les députés, pour les amis et les compagnons d'armes de l'illustre Lamarque, on avait réservé les places les plus rapprochées du char. Les honneurs d'étiquette, ceux que le cérémonial militaire prescrit et exige, pour le rang qu'il occupait dans l'armée, avaient été mesurés avec une rigoureuse parcimonie : ils disparaissaient au milieu du concours immense de la population parisienne tout entière.

Depuis la maison mortuaire, en comprenant dans cet espace la rue Saint-Honoré et la place de la Révolution, jusqu'au-delà du pont d'Austerlitz, la foule remplissait tout le terrain.

Jamais, à aucune époque, pour aucune cause, on n'avait vu une semblable affluence.

Lorsque le char funèbre commença à s'ébranler, il fallut renoncer à toute disposition, mais non pas à tout ordre; les citoyens de toutes les classes se confondirent; on s'attela au char qui portait les insignes du grade du général Lamarque; une députation de ses plus vieux soldats était chargée de ses armes et de ses ordres; son cheval de bataille marchait immédiatement après, et ensuite ce n'était plus qu'une multitude qui attestait que la société dans son universalité la plus complète avait voulu assister à ces funérailles.

Des deux côtés du chemin, le peuple formait une haie qui achevait de prouver jusqu'à quel point les regrets étrient publics, jusqu'à quel point la douleur était générale. Les fenêtres étaient garnies de spectateurs, les dames y étaient en foule : plusieurs maisons étaient tendues de noir.

Le récit doit renoncer à peindre cette décoration si mouvante, si généreuse, si patriotique, si grande, si solennelle. Ce qu'il est surtout impossible de reproduire, c'est cet éloge qui sortait à-la-fois de toutes les bouches, avec une accusation contre le mensonge, avec un vœu de liberté, *avec un espoir d'avenir.... de prochain avenir !*

Sous la restauration qui précéda juillet 1830, aux funérailles du général Foy, le duc d'Orléans envoya sa livrée rouge, avec des aides-de-camp dorés ; il savait alors qu'il est bon de s'associer aux regrets du peuple. *Hier, point de voitures de la cour.... Le peuple eût chassé ces habits de valets... Il est maintenant jaloux d'acquitter seul les hommages que seul il sait rendre à ceux qui ont bien mérité de lui.*

Et lorsque nous avons vu, il y a quelques jours, le luxe diplomatique venir sur un cercueil insulter à ces nations que notre cabinet a si lâchement laissé égorger, il était beau et touchant de contempler hier les bannières tricolores, italienne et espagnole, avec les deux couleurs de Pologne, et le drapeau funéraire des réfugiés, escorter nos étendarts tricolores de France, sans coq, mais SURMONTÉS DE LA PIQUE DES JOURS LIBRES.

La pluie tomba, à torrent, comme si tout devait rappeler au peuple assemblé le jour de deuil où la patrie perdit Foy : toute la foule reconnut le présage, personne ne quitta la place. Ces tristesses de nuages sont de dignes parures de funérailles.

Lorsque le corps fut arrivé à la hauteur de la place Vendôme, à l'aspect de la colonne, on voulut que ces mânes de guerrier fissent leur adieu à tant de gloire. Lamarque, que Napoléon estimait si haut, était un noble trophée. La colonne est le temple de cette grande armée, si brave, si illustre de lumières et de victoires. On y voyait briller quelques uniformes de ces anciennes phalanges qui vainquirent l'Allemagne.

Le cortége suivit le boulevard ; le silence est tout-à-coup interrompu par des cris de *vive la liberté !* et des saluts à nos malheureux frères de Pologne, telle était la voix du peuple.

La police, honteuse, se cachait ; elle se voyait encore une fois face à face avec la nation, la nation redressant sa tête ; et fière de cette force qu'elle sait retrouver toutes les fois qu'elle veut la retrouver.

Près de la porte Saint-Martin, au moment où passait la bannière de juillet, avec les couleurs de la décoration des trois jours et cette inscription : *Union de juillet. — Patrie et Liberté*, un sergent de ville osa se porter à un acte de violence ; on lui répondit par le cri : *Patrie et Liberté ;* alors il mit l'épée à la main et blessa un patriote au visage. Le châtiment ne se fit pas attendre ; le sergent de ville fut désarmé ; deux des siens subirent le même sort, et les trois épées suivirent la bannière. *On dédaigna d'infliger d'autre punition.*

Le convoi traversa la place de la Bastille, le char marchait lentement, ses ornemens étaient simples, les citoyens l'avaient couvert de drapeaux tricolores et de couronnes d'immortelles ; on défila devant *le ridicule monument* de juillet, dont la base inachevée n'a pas même reçu une seule pierre depuis un an. Pour la fête des trois jours, *on le construira à la hâte avec du bois et de la toile peinte, dérision monumentale* **QUI RAPPELLE LE GRAND PARJURE POLITIQUE.**

Alors, la solennité devint nationale; elle prit cette physionomie grave et redoutable des actes *des* peuples. Sur l'estrade élevée près du pont d'Austerlitz et pavoisée de drapeaux tricolores on déposa le cercueil; les citoyens se groupèrent autour; les drapeaux; les aigrettes, les plumets, les branchages verts, les cris d'allégresse, les têtes nues, l'éclat des armes et un beau rayon de soleil, qui se leva en ce moment, présentèrent le coup-d'œil le plus varié et le plus majestueux.

Bientôt la voix des orateurs se fit entendre, le maréchal Clauzel, Mauguin, Pons (de l'Hérault) et Lafayette prirent la parole. De toutes parts, les acclamations retentirent et quelques instans suffirent pour enivrer cette foule si généreuse et si affligée; on *vit briller les emblêmes de liberté; on vit un citoyen lever un étendart sur lequel on lisait :* **LA LIBERTÉ OU LA MORT!**

Et l'hymne nationale *la Marseillaise* fut chantée par plus de dix mille voix. Quelle magnifique harmonie!

Les discours continuaient.

Le juste-milieu avait prévu tout ce que cette apothéose aurait pour lui de redoutable; irrité de cet enthousiasme, il ne put garder plus long-temps le flegme qu'il paraissait s'être imposé.

On avait masqué des bataillons et des escadrons armés, on avait placé des troupes en embuscade, on avait caché la mort derrière des pans de muraille. La troupe de ligne qui avait accompagné le corps, qu'une voiture placée sur le pont d'Austerlitz devait conduire jusqu'à la barrière d'Enfer; ces soldats avaient pu juger de la force de la foule qui les entourait, ils avaient disparu mornes, et presque effrayés; *leur musique avait vainement essayé de jouer* la Parisienne, *cette fille bâtarde* de la Marseillaise : *les cris du peuple avaient étouffé cette mélodie de château.* D'autres soldats, ceux qu'on avait tenus soigneusement éloignés de ces scènes si remplies d'image de concorde, s'élancèrent sur la foule, on chargea le sabre au poing. Quelques jeunes élèves de l'école Polytechnique se présentèrent, l'épée nue, à la tête du petit pont sur l'écluse du canal; les escadrons s'arrêtèrent. Cette brave jeunesse, qu'on retrouve dans tous nos périls populaires, avait brisé les portes de l'école et violé la consigne, pour assister à cette cérémonie, dont l'inquiétude et les tracasseries du juste-milieu avaient voulu l'exclure.

Au même instant on tirait des coups de feu du côté de la place de l'Hôtel-de-Ville. On en voyait au loin la fumée.

Toute cette multitude s'émut, comme un seul homme, on cria *Aux armes! à notre ville! juillet! juillet! aux barricades!*

On se répandit dans l'île Louviers, les bûches des chantiers volèrent sur tous les points, les barricades s'élevèrent. On traîna le char funèbre du côté du Panthéon; on s'attela à la voiture de Lafayette, on le conduisit jusqu'à sa demeure; là il harangua le peuple.

On assure qu'un coup de pistolet a été tiré par un soldat de cavalerie sur la voiture du vétéran de la liberté.

Il est huit heures du soir, la fusillade retentit. *Avant d'achever notre récit, nous courons au milieu de nos amis.*

— MINUIT. La fusillade s'est engagée sur la place du Panthéon, dans les rues Montmartre, Saint-Denis, Saint-Martin et sur le boulevart : elle continue. *Le peuple* a pris et perdu la mairie des Petits-Pères. *La garde nationale répond lentement aux rappels; elle est divisée.* Il y a de nombreuses victimes.

On se réunit dans les bureaux de rédaction, chez les députés et chez les personnages de quelque influence, pour aviser aux mesures à prendre. On dit que le peuple est maître d'un magasin à poudre. *L'indignation publique est à son comble.*

Le corps du général Lamarque a été traîné à bras d'hommes jusqu'à la hauteur du Bourg-la-Reine, à une lieue hors de la barrière d'Enfer. Là, un envoyé ayant appris aux patriotes qu'on se battait dans Paris, ils ont enfin consenti à laisser traîner la voiture par des chevaux de poste.

La restauration n'a pas compris la leçon que lui donnèrent les funérailles de Foy; le juste-milieu comprendra-t-il la leçon que viennent de lui donner les funérailles du général Lamarque *.

Au milieu de toutes les saisies des journaux patriotes qui suivirent la mise en état de siége, *le Corsaire* ne pouvait être oublié. Par ses principes comme par son esprit, il avait justement mérité la haine de tous les hauts personnages si ridicules et si haineux. *Le Corsaire* fut saisi.

Le Corsaire aurait probablement comparu devant un conseil de guerre, si l'arrêt de la cour de Cassation n'était venu mettre un frein à la modération de MM. les ministres du 13 mars. *Le Corsaire* fusillé! La scène eût été comique, en vérité!

Ne pouvant faire fusiller *le Corsaire*, M. Persil, le Bellart du 13 mars (moins toutefois l'esprit et l'éloquence), prit le parti de traduire M. Viennot en cour d'Assises.

Il demande la permission à messieurs de la chambre des mises en accusation; ces messieurs ne la lui refusent pas, et *le Corsaire* est renvoyé devant la cour d'Assises, sous la prévention d'un délit inventé par la restauration, si justement haïssable, si justement méprisable, le *délit d'excitation à la haine et au mépris du gouvernement du roi.*

Mais ce n'est pas tout.

M. Viennot avait appris, par une multitude de renseignemens, quelques faits et gestes de M. Vidocq et de cette bande que les habitans de Paris ont encore la bonhomie d'appeler *brigade de sûreté.* Ces faits étaient graves, horribles même, et, quelque mauvaise opinion qu'il eût de la police, M. Viennot n'osait les croire vrais. Cependant, il était de son devoir d'appeler sur ces

* Les passages en caractère *italique* sont ceux sur lesquels l'accusation s'est spécialement appuyée pour prouver le délit d'excitation à la haine et au mépris du gouvernement du roi.

faits l'attention publique, et le 14 juin 1832 il publia, dans *le Corsaire*, l'article suivant :

QUESTION:

Un de nos correspondans nous transmet des faits d'une telle gravité, que nous ne pouvons négliger ce document sans manquer à nos devoirs de publicité.

Nous avons l'habitude de dire assez nettement ce que nous avons à dire, pour que les précautions dont nous croyons nécessaire d'entourer aujourd'hui des questions semblables à celles que nous allons adresser *n'aient rien qui puisse ou qui doive surprendre.*

Ce ne sont pas des accusations que nous portons; ce sont des éclaircissemens que nous demandons :

« Est-il vrai que, dans la matinée du 6 juin, un des chefs des agens de police qu'on a cru reconnaître pour être Vidocq, ainsi qu'un grand nombre de sergens de ville, dans l'une des cours intérieures de la préfecture de police, aient changé leurs uniformes contre des blouses ou des vestes d'ouvriers; qu'ils se soient sali les mains et le visage, qu'ils se soient munis d'armes et de munitions?

» Où allaient ces sergens de ville?

» Dans quels rangs ont-ils combattu?

» S'ils devaient réprimer la rebellion, pourquoi ce déguisement? la garde nationale combattait en uniforme.

» S'ils devaient se mêler aux rebelles, pour en connaître le nombre, les forces et la situation, ont-ils pu s'abstenir de faire usage de leurs armes, sans crainte de laisser voir qui ils étaient? Alors, ils auraient fait feu sur les citoyens défenseurs de l'ordre et des lois.

» Ou bien étaient-ils appelés à jouer le rôle d'une odieuse ou atroce provocation?

» Si notre correspondant est bien instruit, le déguisement qu'il signale a eu lieu devant un grand nombre de personnes placées dans les bureaux de la cour des Comptes qui ont vue sur l'intérieur de la préfecture de police; et elles ont pu l'apercevoir et le constater.

» Il nous paraît impossible que de telles assertions restent sans réponse. »

Nous le répétons, nous n'accusons pas; mais, dans l'intérêt de tous, nous demandons des éclaircissemens.

Le *Butin* du même jour contenait encore ces deux petits articles :

— L'ordonnance des médecins n'a pu sortir que d'un cerveau malade et d'un cœur gangrené.

— Il faut que la délation soit bien sale; elle a dégoûté M. Gisquet lui-même.

M. Gisquet, le préfet de police, se trouva diffamé et outragé par ces articles, et il déposa une plainte entre les mains de son ami, M. Persil. M. Persil renvoya cette plainte à son ami, M. Desmortiers. Ledit M. Desmortiers pria un juge d'instruction d'instruire sur l'honneur de M. Gisquet; mais l'instruction traînait en longueur. M. Gisquet n'avait pas l'air d'être pressé d'être jugé par un jury. M. Viennot, dans *le Corsaire*, rappela plusieurs fois à M. Gisquet la plainte qu'il avait portée. M. Viennot avait hâte d'être jugé parce qu'il avait la conscience de n'avoir dit que la vérité, parce qu'il pensait qu'un peu de lumière répandue sur les événemens des 5 et 6 juin pourrait peut-être sauver quelques-unes de ces victimes égarées que la cour d'Assises envoie tous les jours dans les bagnes.

Vivement interpelé par M. Viennot, M. Gisquet fut obligé de presser l'instruction de sa plainte.

Le juge d'instruction n'entendit aucun des témoins que M. Viennot aurait pu produire, et cependant il fit une instruction : nous ne savons laquelle.

Ladite instruction terminée, le tribunal crut que l'honneur de M. Gisquet était fort compromis par les articles du 14 juin. La chambre des mises en accusations pensa comme la chambre du conseil. Tout le monde, au Palais-de-Justice, étant d'accord de renvoyer M. Viennot devant les assises, sous la prévention du délit d'outrage envers M. le préfet de police à l'occasion de l'exercice de ses fonctions : M. Viennot reçut un ou deux papiers *ad hoc*. La seule question était alors de savoir si le jury serait du même avis que tout le monde du Palais-de-Justice.

M. Viennot ne pouvait se laisser condamner sans se défendre. Il signifia à M. Gisquet qu'il entendait prouver par témoins, devant la cour d'Assises, la vérité des faits contenus, sous la forme de questions, dans l'article du 14 juin.

Voilà donc M. Viennot sous le coup de deux procès. Si chaque affaire est jugée séparément, M. Viennot sera peut-être acquitté deux fois; et en vérité ce serait un double scandale judiciaire! Mais si l'on réunit les deux procès en un seul, alors la chance est contre M. Viennot. Le jury hésitera peut-être à acquitter les deux articles à-la-fois; si l'on pouvait ainsi obtenir une petite condamnation!

Les deux procès sont donc *joints*, comme l'on dit en langage de palais; et M. Viennot comparaissait le 28 juin devant la cour d'Assises sous la double prévention d'avoir excité à la haine et au mépris du gouvernement du roi, et d'avoir outragé M. Gisquet à l'occasion de ses fonctions.

Plus de quarante témoins sont là à l'audience prêts à déposer sur ou contre l'honneur de M. Gisquet.

L'enceinte de la cour est remplie d'une foule de spectateurs avides de savoir quelques-unes des choses qui se sont passées derrière les coulisses de la police dans le triste drame des 5 et 6 juin.

M. Viennot est assisté de Me Dupont, avocat.

Interrogé par M. le président, M. Viennot répond qu'il n'est pas l'auteur des articles, mais qu'il a fourni les documens qui ont servi à la rédaction des articles. Il déclare du reste en accepter l'entière responsabilité.

Après la lecture de l'arrêt de renvoi et la lecture des articles incriminés, on commence l'audition des témoins. Le premier qui est introduit est le célèbre Vidocq. (Mouvement d'attention dans l'auditoire. M. Vidocq s'avance d'un air assuré. Il porte un habit noir tout neuf; sa lèvre supérieure est ombragée d'une légère moustache blonde : sa tournure est celle d'un *fashionnable* d'estaminet.)

M. LE PRÉSIDENT. Comment vous appelez-vous? — R. Vidocq.

D. Votre état? — R. Chef de la brigade de sûreté.

D. Votre âge? — Cinquante-sept ans.

M. LE PRÉSIDENT, au témoin : Vous ne prêtez pas serment ; vous avez été, je crois, sous le poids d'une condamnation infamante?

VIDOCQ. J'ai été gracié sous Charles X ; et sous Louis-Philippe j'ai été réhabilité devant la cour royale de Douai.

M. LE PRÉSIDENT. Depuis cette époque, avez-vous prêté serment?

VIDOCQ. Je n'ai pas paru depuis devant une cour criminelle.

M. LE PRÉSIDENT. Le prévenu ne s'oppose pas à ce que le témoin prête serment?

Me DUPONT, avocat de M. Viennot. Il m'est absolument indifférent que M. Vidocq prête ou ne prête pas serment ; pour moi, je n'ai pas de raison pour ne pas croire M. Vidocq sûr parole. (Rire général.)

M. Vidocq prête serment.

M. LE PRÉSIDENT, au témoin. On prétend que le 6 juin dernier vous avez parcouru la Cité, déguisé en blouse, ainsi que vos agens. On ajoute que, pour ne pas être reconnu, vous vous êtes noirci la figure et les mains.

VIDOCQ. Voici les faits. Le 5 juin, je fus informé qu'une bande de voleurs, dirigée par un chef connu, se trouvait dans les barricades élevées rues de la Licorne et des Marmouzets ; je me rendis dans cet endroit. J'étais en blouse, à cause de la chaleur, et armé ; mais mes agens n'étaient pas déguisés : j'étais d'ailleurs avec un détachement de la garde municipale. Nous avons arrêté plusieurs individus. Il est faux que nous nous soyons en aucune manière noirci les mains et la figure. Nous nous sommes constamment battus avec la garde municipale ; nous avons arrêté les nommés Colombat, Lepage et autres.

Ici M. le président se dispose à donner lecture d'un certificat de plusieurs habitans de la Cité, constatant que Vidocq leur a rendu le 6 juin des services.

Me DUPONT. M. le président voudrait-il me dire d'où cette pièce émane.

M. LE PRÉIDENT. Elle m'a été envoyée de la Préfecture de Police par M. Gisquet. (Mouvement d'étonnement.)

Me DUPONT. Quelle confiance voulez-vous que cette pièce puisse inspirer !

M. LE PRÉSIDENT. Je dois lire cette pièce : elle tend à jeter du jour sur la vérité.

Me DUPONT. Je ne crois pas qu'il soit légal de lire cette pièce. C'est un mode détourné d'entendre des témoins à charge, et la loi veut que le débat soit oral. Cette lecture serait encore contraire à la loi du 26 mai 1819. Vous savez que, d'après cette loi, le prévenu qui veut faire la preuve par témoin des faits qu'il a avancés contre un fonctionnaire est obligé, dans un certain délai, de signifier au fonctionnaire les noms et les demeures des témoins qui seront entendus. D'après cette loi aussi le fonctionnaire qui veut combattre les témoignages produits contre lui par d'autres témoignages, doit à son tour signifier au prévenu, dans un certain délai, les noms et les adresses de ses témoins justificatifs. Ces formalités et ces délais sont imposés au prévenu et au plaignant à peine de nullité. Pourquoi M. Gisquet n'a-t-il pas signifié à M. Viennot les témoins qu'il voulait faire entendre?

M. LE PRÉSIDENT. Sans doute M. Gisquet ne pourrait plus aujourd'hui faire entendre des témoins devant la Cour ; mais, en vertu de mon pouvoir discrétionnaire, je puis lire cette lettre.

Me DUPONT. Si j'insiste contre l'opinion de M. le président, c'est qu'il nous est impossible d'avoir aucune confiance dans la moralité de témoins que M. Gisquet peut connaître, mais que nous ne connaissons pas. Si M. le président voulait absolument lire cette pièce, je poserais des conclusions contraires.

M. LE PRÉSIDENT. Vous savez, Me Dupont, que le pouvoir discrétionnaire du président est complètement indépendant de la juridiction de la Cour. Vos conclusions seraient inutiles.

Me DUPONT. Alors, monsieur le président, je m'en rapporte à votre loyauté!

M. le président replie le papier, et ne donne pas lecture du certificat.

Me DUPONT. M. Vidocq n'a-t-il pas tiré des coups de fusil?

VIDOCQ. Un seul, contre un individu qui voulait défendre la barricade de la rue de la Licorne.

Me DUPONT. M. Vidocq n'a-t-il pas connaissance du fait qu'un agent de police a traversé un homme d'un coup de baïonnette?

VIDOCQ, en souriant : Non, et aucun rappport n'a parlé de ce fait.

Les témoins Charconnet, agent de police, Lecomte et Logodin, n'ont vu ni Vidocq ni ses agens déguisés.

LEQUIEN, demeurant cour Sainte-Chapelle, n'a pas vu que Vidocq et ses agens eussent les mains et la figure noircies; mais ils étaient armés. Vidocq avait une blouse; il était coiffé d'un chapeau. Le témoin a revu Vidocq successivement en casquette et nu-tête. Le témoin ajoute que, parmi les agens, il y en avait un qui avait un costume de garçon serrurier.

VIDOCQ, en riant. Je n'avais pas de serrurier avec moi.

M. WARÉE, libraire, dépose en ces termes : Monsieur, le 5 notre compagnie se réunissait.

LE PRÉSIDENT, vivement. Témoin, je vous avertis que vous n'avez rien à dire sur les faits relatifs à la journée du 5 juin : mon intention est de circonscrire les débats aux faits du 6 juin, aux faits relatifs à Vidocq et à ses agens; dites ce que vous savez à ce sujet.

LE TÉMOIN. M. le président, il aurait été utile pour venir à ces faits....

LE PRÉSIDENT. Si vous parlez sur la journée du 5, je ne vous entendrai pas. Venez à la matinée du 6.

Le 6, vers six heures et demie, j'ai vu dans la rue Sainte-Anne Vidocq et sa bande sortir en armes. J'avais alors mon uniforme de garde nationale, et je me rendais à mon poste; mais quand je vis avec quels hommes j'allais contribuer au rétablissement de l'ordre, je rentrai chez moi et déposai mes armes et mon costume. Car je ne pense pas que la garde nationale doive recevoir de pareils auxiliaires. Je regardais cet acte comme illégal.

M. LE PRÉSIDENT. Quelle illégalité voyez-vous à cela?

M. WARÉE. Je regardai comme illégal d'armer des hommes, la plupart flétris par la justice. (Mouvement dans l'auditoire.)

M. LE PRÉSIDENT. Comment étaient-ils vêtus?—R. Ils étaient mis en ouvriers : ils avaient des casquettes, des blouses, des tabliers. J'ai ouï dire que le poste du Palais de Justice, n'étant pas prévenu de leur sortie, avait fait feu sur eux.

Me DUPONT. Les agens étaient-ils tous déguisés?

M. WARÉE. Oui, les uns en veste, les autres avec des tabliers.

VIDOCQ. Mes agens sont toujours habillés de cette manière; ils n'étaient nullement déguisés le 6 juin.

Me Dupont à M. Warée. Les agens de police ne se sont-ils pas occupés, le matin du 6 juin, à faire l'exercice?

M. WARÉE. Je l'ai entendu dire.

VIDOCQ. C'est une grave erreur du témoin ; seulement chacun s'est exercé avec son arme. (On rit.) Il y avait long-temps que je n'avais tenu de fusil ; il a bien fallu que je m'y remisse.

M. BARTHÉLEMY. Je demeure cour de la Sainte-Chapelle. Je suis resté à ma fenêtre une partie de la journée du 6. J'ai vu Vidocq à plusieurs reprises : la première fois que je le vis, il était très bien vêtu, et portait un habit-vert, je crois, et un chapeau rond ; il était très affairé. Quelques instans après il parut en costume d'homme du peuple, avec une casquette et une blouse ; il avait autour du corps un foulard en ceinture. Il sortit avec une vingtaine d'hommes vêtus en ouvriers et armés. Avant de partir je le vis donner une poignée de main à un officier de garde municipale à cheval.

Peu de temps après, je vis Vidocq revenir et ramener un individu qu'il tenait par le collet, lui donnant des coups d'un manche de poignard et des coups de pied.

D. Quel était cet homme ? — R. J'ai su depuis que c'était Edouard Colombat. Vers cinq heures et demie, j'ai entendu Vidocq dire : Je ne sais si j'en ai tué, mais j'ai usé mes cartouches.

M. LE PRÉSIDENT. Vidocq convient de s'être battu ; mais avait-il la figure noircie ? — Je ne puis l'affirmer. Comme ce que faisait Vidocq me paraissait peu légitime...

M. LE PRÉSIDENT. Et en quoi illégitime ?

Me DUPONT. De grâce, M. le président, veuillez laisser le témoin rendre compte de ses impressions.

M. LE PRÉSIDENT. Je n'ai pas d'avis à recevoir.

Me DUPONT. Soit ; mais je dois désirer qu'on veuille bien laisser les témoins déposer d'une manière complète.

M. BARTHÉLEMY. Je répète que ce que faisaient Vidocq et sa bande m'avait paru si mauvais, que je donnai ordre à un jeune homme qui était chez moi de les suivre et de surveiller ce qu'ils feraient.

M. LE PRÉSIDENT. N'avez-vous pas été dans la police ?

M. BARTHÉLEMY. Je n'ai pas été ce qu'on appelle dans la police ; j'ai été employé dans le cabinet du préfet ; mais jamais je ne me suis mêlé d'affaires de police.

Me DUPONT. M. le président veut-il demander au témoin s'il sait que les agens de Vidocq changent souvent de costume ?

M. BARTHÉLEMY. Ils en changent très souvent ; mais, le 6 juin, ils étaient costumés comme je ne les avais jamais vus ; ils étaient en veste, ou nu-bras, ou le tablier retroussé, à la manière des ouvriers serruriers ou menuisiers.

Me DUPONT. Le témoin est-il sûr que Vidocq avait un habit lorsqu'il sortait de la préfecture de police ?

Me BARTHÉLEMY. Oui, j'en suis certain ; et Vidocq est revenu ensuite avec une blouse.

Me DUPONT. M. Vidocq s'est donc déguisé ?

VIDOCQ. Je n'ai pas porté d'habit ce jour-là.

Me DUPONT. Vous avez donc été voir le préfet de police avec une blouse ?

VIDOCQ. Oui, j'ai été à la préfecture avec une blouse.

Me DUPONT. C'est peu respectueux. (On rit.)

M. MONTIZON, imprimeur-lithographe, rue de la Barillerie. Vers midi, je vis passer une vingtaine d'hommes portant blouse et casquette et armés de fusils ; à leur tête était Vidocq.

Me DUPONT. Vidocq avait-il un poignard ? — R. Oui.

M. LE PRÉSIDENT, à Vidocq. Aviez-vous effectivement un poignard ?

VIDOCQ. Oui, monsieur, mais il n'y a qu'à entendre Colombat; il n'a fait que se louer de la manière que... de la manière dont... (On rit.)

M. LE PRÉSIDENT. Avez-vous frappé Colombat du pommeau de votre poignard?

M. VIDOCQ. Cela est vrai; je l'ai frappé parce qu'il faisait résistance; mais j'ai des lettres de lui que je peux montrer. (Murmures dans l'auditoire.)

M. BASCANS, gérant de *la Tribune*. Le 6 juin, je fus mandé au Palais-de-Justice par l'un de MM. les juges d'instruction. Ce magistrat ne vint pas dans son cabinet. Ne sachant comment faire constater que j'avais obéi au mandat de la justice, j'allai trouver M. Conat, employé au parquet de M. le procureur du roi. Il fit constater ma présence par un huissier. Comme je connais depuis long-temps M. Conat, je lui offris à déjeûner. Nous descendîmes au café de la cour du palais, et de là, à travers l'arcade qui mène à la cour de la Sainte-Chapelle, nous vîmes une bande d'individus armés de fusils et vêtus de différens costumes d'ouvriers. Ils sortirent par la rue de la Barillerie. Après notre déjeûner, nous remontâmes au cabinet de M. Conat.

Au bout d'une demi-heure, je vis revenir les mêmes hommes avec deux ou trois gardes municipaux au milieu d'eux. Ils firent feu sur des personnes inoffensives qui étaient sur la place du Palais-de-Justice et dans la rue de la Barillerie. Une compagnie du 42e de ligne prenant ces agens pour des hommes du peuple, les ajusta; mais ils s'écrièrent : « Ne tirez pas! c'est nous! »

M. LE PRÉSIDENT. Vidocq, cela est-il exact?

VIDOCQ. Il y a erreur, M. le président; il est faux de dire qu'on a *failli* tirer sur nous : on a tiré, positivement tiré sur nous, parce qu'on ne nous connaissait pas.

M. LE PRÉSIDENT, à M. Bascans. Vous dites que M. Conat a vu les mêmes faits que vous?

M. BASCANS. Oui, Monsieur.

Me DUPONT. Si M. le président voulait faire venir M. Conat.

M. LE PRÉSIDENT. Huissier, allez chercher M. Conat?

M. ALEXANDRE a entendu dire qu'on avait vu Vidocq et ses gens déguisés et la figure et les mains noircies.

M. VACHER, boulanger, rue Montmartre. En prison, Colombat lui a rapporté qu'il avait été frappé et maltraité par Vidocq avec le manche d'un poignard, et que Vidocq lui avait dit : Oh! que je t'enfoncerais bien mon poignard dans le cœur! (Mouvement dans l'auditoire.) Le témoin dépose ensuite qu'il a vu Vidocq et ses agens déguisés.

Me VOLLIS avocat, et capitaine dans la garde nationale, quai de la Cité, raconte qu'on lui a assuré qu'on avait vu Vidocq et ses agens déguisés et armés. Je rapporterai, ajoute le témoin, un fait qui est à ma connaissance. J'étais le 6 juin avec ma compagnie sur le quai de la Cité; un homme que j'avais envoyé en reconnaissance avec plusieurs gardes nationaux me rapporta que la troupe avait failli tirer sur la brigade de sûreté, qu'elle prenait pour des insurgés.

Me DUPONT. Me Wollis n'a-t-il pas entendu des agens de Vidocq dire le 6 juin, dans le café d'Aguesseau, qu'ils s'étaient trouvés à la barricade du passage du Saumon avec les insurgés, et que, pour leur inspirer de la confiance, ils avaient tiré des coups de fusil sur la garde nationale et sur la troupe?

M. LE PRÉSIDENT. C'est un fait du 5 juin.

Me WOLLIS. Je n'ai pas moi-même entendu les agens de Vidocq tenir ce propos; mais il m'a été rapporté par M. Gonet, le maître du café d'Aguesseau.

M. LE PRÉSIDENT. Un pareil fait serait infâme; je ne puis le laisser peser sur la police. J'ordonne que M. Gonet soit entendu en vertu de mon pouvoir discrétionnaire.

Un huissier sort pour chercher M. Gonet.

M. FORLIER. dit que par-dessous sa blouse Vidocq avait un habit marron.

Me DUPONT. Ainsi Vidocq a donc porté deux habits indépendamment de sa blouse.

M. LE PRÉSIDENT à Vidocq. Cela est-il vrai ?

VIDOCQ. Cela n'est nullement vrai, monsieur le président. Je n'ai jamais eu d'habit marron (On rit) ; qu'on fasse vérifier, si l'on veut, *ma garderobe!* (Nouvelle hilarité.) Je n'ai plus que des habits noirs, je ne porte que des habits noirs.

M. GONET, propriétaire du café d'Aguesseau, place du Palais-de-Justice. J'ai entendu dire, le 6 juin, que des agens de police s'étaient trouvés la veille dans le passage du Saumon, et n'avaient pu se sauver qu'en disant aux insurgés : « Nous sommes des vôtres. »

M. LE PRÉSIDENT. Qui a dit cela devant vous ?

M. GONET. Vidocq lui-même.

M. LE PRÉSIDENT. Vidocq, cela est-il exact ?

VIDOCQ. C'est une erreur grave du témoin ; je n'ai jamais rien dit de semblable.

M. GONET. Je suis bien sûr de ce que je dis.

M. PETOU. Le 6 juin, dans la cour de la Sainte-Chapelle, j'ai vu M. Vidocq et ses agens ; les uns étaient en blouse, d'autres en chemise, d'autres en veste.

Le sieur SAUVAGE, ex-agent de la brigade de sûreté. Le 6 juin je n'ai pas voulu prendre part aux actes arbitraires de M. Vidocq, et c'est pour cela sans doute que j'ai été destitué. Mais voici ce que j'ai vu : Vers dix heures Vidocq est sorti une première fois pour arrêter Colombat, qu'il a horriblement maltraité. A ce moment Vidocq était en habit bourgeois. Vers midi il s'est déguisé en mettant une blouse bleue. Ses agens se sont également déguisés en ouvriers, et ils sont sortis armés. Je n'ai pas vu ce qu'ils ont fait dans les rues ; mais au bout de trois quarts d'heure, quand ils sont rentrés, ils avaient l'air fort joyeux ; l'un d'eux frappait sur le ventre de Vidocq, qui souriait. Ils se sont ensuite formés en petits groupes. Dans l'un de ces groupes j'ai entendu un agent, Pellegri, se vanter d'avoir transpercé un homme de sa baïonnette ; il montrait sa baïonnette, qui était teinte de sang jusqu'à la douille. Cela faisait horreur. On demanda à Pellegri ce que cet homme avait fait. Il avait crié : *A bas les gueux!* répondit Pellegri. (Rumeur prolongée dans l'auditoire.)

Le sieur ESMANGARD, ex-agent de la brigade de sûreté, fait une déposition entièrement semblable à la précédente.

VIDOCQ. C'est parce que je les ai renvoyés qu'ils déposent ainsi. Si je ne les avait pas renvoyés comme des lâches qu'ils sont, ils n'auraient rien dit. (Étonnement général.)

Me DUPONT au témoin Esmangard. Les agens de la brigade de sûreté n'ont-ils pas l'habitude de porter des habits bourgeois ?

ESMANGARD. Oui, Monsieur.

Me DUPONT. Les agens ne quittent les habits bourgeois et ne prennent d'autres costumes que lorsqu'ils vont en expédition ?

ESMANGARD. Oui, Monsieur.

Me DUPONT. Comment M. Vidocq peut-il dire maintenant que ses agens avaient leurs costumes ordinaires !

M. ANTONY BÉRAUD, homme de lettres, chef de bataillon de la 7e légion. J'étais à la mairie du 7e lorsqu'on y amena un individu qui avait été arrêté les armes à la main dans la boutique d'un armurier qu'il venait de piller. Comme j'allais procéder à son interrogatoire, cet individu me dit qu'il n'était pas ce que je croyais, qu'il ne pouvait pas m'en dire davantage devant tout le monde qui était là. Expliquez-vous, lui dis-je. Il me fit alors entendre fort clairement qu'il était agent de police, et qu'il ne s'était mêlé aux insurgés que pour jouer parmi eux le rôle de provocateur. (Mouvement prononcé dans l'auditoire.) Au reste, il se réclama d'un sieur Souchet, agent de police, sous les ordres duquel il avait, disait-il, rendu des services à la bonne cause dans une précédente circonstance. (Nouveau mouvement.) On se rappelle que le sieur Souchet était le chef des assommeurs du faubourg Saint-Antoine, dans l'affaire du 14 juillet.

M. LE PRÉSIDENT. Quel est ce Souchet? le connaissez-vous, Vidocq? est-il agent de police?

VIDOCQ. il n'est pas de la brigade de sûreté.

Me DUPONT. Monsieur le président, ce M. Souchet a une réputation européenne; c'est le fameux embrigadeur des prétendus ouvriers du faubourg Saint-Antoine. C'est lui qui, par les ordres de la police, a fait assommer les jeunes gens le 14 juillet, sur la place de la Bastille.

M. LE PRÉSIDENT, à M. Antony Béraud. Savez-vous ce qu'est devenu cet homme?

LE TÉMOIN. M. le commissaire de police Dourlens étant arrivé sur ces entrefaites, je crus devoir lui laisser le soin de l'interroger; ce qu'il fit. Il en dressa même procès-verbal; mais ce qui me surprend beaucoup, c'est de n'avoir plus jamais entendu parler de cette affaire. Je dois conclure de là qu'il appartenait bien, comme il le disait, à la police. (Profonde sensation.)

M. PICHARD, médecin, se trouvait à la mairie au moment où la scène qu'on vient de lire s'y passait. Il fait une déposition en tout conforme à celle de M. Antony Béraud.

M. DOURLENS, le commissaire de police dont il vient d'être parlé, est introduit. Il ne se rappelle pas d'abord le fait sur lequel on lui demande des éclaircissemens; mais la mémoire lui revient tout d'un coup, et il déclare que l'individu en question était ivre, et qu'il n'a pas fait grande attention aux propos inconsidérés qui ont pu lui échapper. (Murmures d'incrédulité dans l'auditoire.) M. Dourlens ajoute : Cet homme était complètement ivre; et MM. Antony Béraud et Pichard ont pu lui faire dire tout ce qu'il leur a plu pour faire croire que la police avait provoqué les événemens du 5 juin. (Murmures plus prononcés dans l'auditoire.)

M. LE PRÉSIDENT. Huissiers, faites faire silence.

M. ANTONY BÉRAUD, de sa place. La mémoire de M. le commissaire de police le sert mal. l'individu arrêté était parfaitement dans son bon sens. Je l'affirme. (M. le commissaire de police va s'asseoir sans ajouter un mot.)

M. FONTAINE, maître de café dans la rue Montmartre, n° 55. J'ai vu plusieurs agens de police dans la journée du 6 juin.

M. LE PRÉSIDENT. Vous ne pouvez déposer sur des faits du 6, qui se seraient passés rue Montmartre. Allez vous asseoir.

Me DUPONT. Pardon, monsieur le président.

M. LE PRÉSIDENT. Ces faits sont hors de la cause.

Me DUPONT. Daignez m'écouter, monsieur le président, et nous serons, je crois, bientôt d'accord. Il paraît que, dans la journée du 6, des agens de police deguisés se seraient rassemblés chez le témoin; et que, lorsqu'ils voyaient passer des jeunes gens dans la rue Montmartre, ils sortaient en en criant : *Vive la république! à bas Louis-Philippe!* Lorsque les jeunes gens répondaient à ces cris, ils étaient arrêtés et maltraités. Ces faits sont assez graves pour qu'on veuille bien entendre le témoin; peu importe que ces faits se soient passés rue Montmartre ou dans la Cité; nous n'avons pas dit que les agens de M. Vidocq eussent borné leur exploits à l'enceinte de la Cité; et nous prouvons dès-lors prouver que, dans la journée du 6 juin, ils ont provoqué à la guerre civile dans tel ou tel ou tel quartier.

M. LE PRÉSIDENT, au témoin. Est-ce que vous avez entendu parler de quelque chose de pareil?

M. FONTAINE. Comment! si j'en ai entendu parler... c'est chez moi que ça s'est passé. (Mouvement.)

Me DUPONT. Des menaces n'auraient-elles pas été faites au témoin par ces agens de police pour l'engager au silence?

M. FONTAINE. Oui, monsieur. Lorsqu'ils sont partis, l'un d'eux s'est avancé sur moi, et m'a dit : « Regardez-moi bien; si vous dites jamais un mot de ce que vous avez vu, malheur à vous! » (Nouveau mouvement.)

M. LE PRÉSIDENT, au témoin. Qui vous a dit que ces hommes étaient des agens de police?

LE TÉMOIN. Ils ne me l'ont pas dit, mais je l'ai pensé à la manière dont ils se sont conduits.

Me DUPONT. Dans la nuit du 6, les insurgés avaient été complètement battus dans la rue Montmartre; les troupes occupaient tous les abords de cette rue, et il n'y avait que des agens de police qui pussent impunément jouer ce rôle de provocation; d'autres personnes eussent nécessairement été arrêtées....

M. LE PRÉSIDENT. En voilà assez; témoin, allez-vous asseoir. Huissier, appelez un autre témoin.

M. MAIRE, cartonnier, demeurant rue Beaubourg, n° 29. Le 6 juin, j'ai vu, rue Beaubourg, un homme très-bien mis qui excitait à faire des barricades; il disait à haute voix : il faut renverser ce scélérat de gouvernement; allons dépêchons-nous. Quand les barricades ont été faites, cet homme s'en est allé, je ne sais où. Mais ce que je sais, c'est que deux jours après, cet homme est revenu dans notre rue pour prendre part à des visites domiciliaires qui y étaient faites. C'était un agent de police, et c'était lui qui indiquait les personnes qu'il fallait arrêter.

M. LE PRÉSIDENT, au témoin. Etes-vous bien sûr que c'était le même homme?

LE TÉMOIN. Je l'ai parfaitement reconnu, il avait le même costume.

M. LE PRÉSIDENT. Vous êtes le seul qui ayez vu cela?

LE TÉMOIN. Oh! non, toute ma maison l'a vu comme moi. Tous mes voisins ont reconnu ce monsieur pour celui qui avait excité à faire des barricades. On peut faire venir mes voisins.

M. LE PRÉSIDENT. Dans un fait aussi grave, comment M. Viennot n'a-t-il fait citer qu'un seul témoin?

Me DUPONT. M. Viennot ne connaissait que M. Maire, et il n'a pu faire citer que lui. Mais M. le Président peut ordonner, en vertu de son pouvoir discrétionnaire, que les voisins de M. Maire soient entendus.

M. LE PRÉSIDENT. Il fallait les citer. Huissier, introduisez un autre témoin.

M. BLONDEAU, employé à la préfecture de police, est introduit.

Me DUPONT. Le témoin n'est-il pas le gardien de toutes les armes déposées à la préfecture par suite de crimes ou délits?

LE TÉMOIN. Oui, Monsieur.

Me DUPONT. Les fusils du dépôt n'ont-ils pas été enlevés le 5 ou le 6 juin?

LE TÉMOIN. Le 5 juin à huit heures du soir, un agent est venu me dire de lui livrer tous les fusils du dépôt; il m'a dit qu'il avait un ordre.

Me DUPONT. De qui émanait cet ordre?

LE TÉMOIN. Je n'ai pas vu l'ordre écrit.

Me DUPONT. Tous les fusils ont-ils été remis au dépôt après les journées des 5 et 6 juin?

LE TÉMOIN. Il y en a plusieurs qui n'ont pas été rendus.

M. PARTARIEU-LAFOSSE. Je ne vois pas l'intérêt de ces questions. Il est tout simple que l'autorité ait pris les armes où il y en avait.

Me DUPONT. Comment, pour armer des agens de police, on a violé un dépôt public, et vous trouvez cette conduite toute simple, toute légale! Et si ces fusils étaient déposés là comme les preuves de quelques crimes, trouvez-vous tout simple que ces preuves aient disparu?

M. DESCAMPEAUX, sous-directeur de la police municipale.

Il dépose qu'en effet les armes du dépôt ont été enlevées par des agens de police.

Me DUPONT. Est-ce vous, Monsieur, qui avez donné l'autorisation d'enlever ces armes?

LE TÉMOIN. Je n'aurais pas pris sur moi de donner un pareil ordre; je n'en avais pas le droit.

Me DUPONT. Qui donc avait le droit de donner cet ordre?

LE TÉMOIN. M. le préfet de police seul. (Mouvement dans l'auditoire.)

M. PIERRET, conseiller à la cour des Comptes, est introduit. Ce témoin déclare que, de la fenêtre du cabinet dans lequel il travaille, il a vu une bande, à la tête de laquelle était Vidocq *en habit*, emmener plusieurs individus, Vidocq frappait violemment au visage un jeune homme qu'il tenait, conjointement avec un autre agent. Quelques instans après, ces mêmes hommes sont revenus; mais, cette fois, ils avaient changé de costumes; les uns étaient en veste, les autres en veste de chasse, etc. Vidocq portait une blouse. Tous ces hommes avaient chacun un fusil de munition qu'ils ont chargé; ils sont sortis en plaisantant avec quelques gardes municipaux qui les accompagnaient. Environ vingt minutes après, ils sont revenus et se sont mis à recharger leurs armes, ce qui m'a fait comprendre qu'ils venaient déjà de s'en servir. Les gardes municipaux frappaient sur l'épaule de Vidocq, et lui disaient : « Eh bien! camarade, voilà comme on emporte les barricades! »

M. LE PRÉSIDENT. Vidocq, vous avez entendu : voici encore un témoin qui déclare vous avoir vu en habit.

VIDOCQ. Il se trompe. (Murmures.)

Le témoin persiste.

M. MONTET, autre conseiller à la cour des comptes, a vu les mêmes faits que le précédent témoin. Confronté avec Vidocq, il le reconnaît parfaitement, et affirme que c'est bien le même homme qu'il a vu une première fois en habit, puis en blouse.

VIDOCQ, toujours avec la même audace, dit que ce témoin est dans l'erreur comme les autres.

M. ESQUIROL, autre conseiller à la cour des comptes, dépose des mêmes faits et dans les mêmes termes que ses deux collègues. Comme eux il affirme avoir vu Vidocq en habit, et comme eux il reçoit un démenti de l'imperturbable chef de la brigade dite de sûreté.

M. RENAUDIN, décoré de juillet, dépose que le secrétaire de Vidocq lui a dit que celui-ci avait fait demander, le 6 juin, et avait obtenu du préfet de police, pour ses hommes, des fusils de munition. Le témoin dépose également qu'il a entendu l'agent Pellegri se vanter d'avoir percé un homme d'un coup de baïonnette.

Me DUPONT. Je serais désolé de causer quelque déplaisir à M. Vidocq ou aux personnes qui sont sous ses ordres; mais cependant je suis dans la nécessité de demander à M. Vidocq s'il n'est pas vrai que quelques individus de sa brigade soient repris de justice.

M. VIDOCQ, avec fureur. Ça ne vous regarde pas!

M. LE PRÉSIDENT. Vidocq, soyez plus décent dans vos réponses. La question vous a été faite avec toute la modération possible. Répondre avec insolence à Me Dupont, c'est insulter MM. les jurés et la Cour.

M. VIDOCQ, se radoucissant à moitié. Je n'ai pas de compte à rendre au sujet des gens qui font partie de ma brigade.

Me DUPONT. Je n'insiste pas; le silence de M. Vidocq en dit assez, et MM. les jurés apprécieront cette circonstance dans l'intérêt de la moralité de la cause.

M. PERRIN, avocat. Le 6 juin j'ai vu de bonne heure M. Vidocq en habit noir complet, il était mis comme un magistrat (On rit); plus tard je l'ai vu en blouse; Vidocq est parti de la cour de la Sainte-Chapelle avec plusieurs agens armés, ils sont revenus tous ensemble ramenant un homme qu'ils accablaient de coups: Vidocq, notamment, porta à cet homme des coups au visage qui firent jaillir le sang. (Mouvement dans l'auditoire.) Si cela était nécessaire, je pourrais faire entendre plusieurs personnes qui étaient chez moi ce jour-là, et devant lesquelles je n'ai pu m'empêcher de laisser éclater mon indignation. N'est-il pas épouvantable, leur disais-je, de voir l'autorité, au mépris de la loi, mettre des armes entre les mains d'hommes dont la plupart sont repris de justice? (Nouveau mouvement.)

Me Dupont déclare ici renoncer à l'audition d'autres témoins, qu'il regarde comme inutile.

L'audience est suspendue.

A la reprise de l'audience, la Cour entend encore, à titre de renseignemens, M. Conat, employé du parquet, qui se trouvait avec M. Bascans, le 6 juin. Ce témoin confirme la déposition de M. Bascans.

La parole est ensuite donnée à M. Partarieu-Lafosse, avocat-général, qui persiste dans l'accusation.

Me Dupont présente la défense.

Après le résumé du président, le jury se retire dans la salle de ses délibérations. Au bout d'une heure il prononce le verdict suivant :

« Sur le premier chef : L'accusé est-il coupable d'offense envers M. Gisquet, préfet de police? — Non.

« Sur le deuxième chef : L'accusé est-il coupable d'avoir excité à la haine et au mépris du gouvernement du roi? — Oui, l'accusé est coupable. »

Vu la déclaration du jury, M. Viennot est condamné à six mois d'emprisonnement et mille francs d'amende.

COUR D'ASSISES DE LA SEINE.

PROCÈS DU NATIONAL.

AUDIENCE DU 29 AOUT 1832.

PRÉSIDENCE DE M. NAUDIN.

ACCUSATION CAPITALE

CONTRE

MM. PAULIN ET HINGRAY.

L'audience est ouverte à 11 heures devant un public nombreux. On remarque dans l'auditoire plusieurs députés, et notamment l'honorable général Lafayette et M. de Corcelles.

La cour se compose de MM. Naudin, président, et de MM. Sylvestre fils et Lefèvre, conseillers.

M. le procureur-général Persil est au fauteuil du ministère public.

Sur le bureau se trouvent plusieurs sacs énormes contenant les numéros du *National* saisis à la poste.

Voici le point de fait de la cause.

Le *National*, dans son numéro du 31 mai dernier, publia trois articles que nous reproduisons ici en entier.

I.

QU'IL FAUT CRAINDRE DE RENDRE LES MODÉRÉS VIOLENS EN SE MOQUANT DE LA MODÉRATION.

« Dans l'ordre de choses actuel, il y a deux intérêts, deux principes à concilier, si l'on peut, et entre lesquels il faudra opter un jour si les événemens l'exigent : ce sont la révolution et la monarchie. La révolution est dans le drapeau ; la monarchie dans l'hérédité du pouvoir exécutif.

» Ceux qui tiennent à ce dernier principe plus qu'au premier renonceront à leur titre de royalistes constitutionnels pour reprendre celui de royalistes exclusifs, et ils se rallieront aux partisans de la branche aînée, parce que le principe monarchique pur ne peut se passer de la légitimité. C'est l'ancienne opinion des doctrinaires et du *Journal des Débats*, long-temps organe des intérêts et des idées de la restauration.

» Ceux qui tiennent plus à la révolution qu'à la monarchie, au drapeau tricolore qu'à l'écusson d'une dynastie quelle qu'elle soit, passeront à la république, parce que la république seule peut défendre la révolution, quand toutes les variétés de l'opinion monarchique sont réunies contre elle, et s'appuient à la fois sur la chouannerie et sur l'étranger.

» Ainsi il n'y aura plus en France que deux drapeaux et deux partis : le drapeau blanc et les amis de la légitimité ; le drapeau tricolore et les partisans de la révolution. Si l'on nous demande ce que deviendra, par cette simplification de toutes les causes de luttes intestines, l'intérêt dit de juste-milieu, nous répondrons que le juste-milieu, n'étant plus une situation possible, ne ralliera pas dix personnes, et redeviendra ce qu'il était avant qu'on eût essayé de rajeunir la monarchie, en la fondant sur les institutions républicaines. Ce brillant essai de révolution sans révolutionnaires, et de royauté sans royalistes, laissera pour résultat, en deux mots : « Une leçon de plus et quelques millions de moins. »

» Un journal royaliste annonce déjà que le parti républicain, ou de la révolution, se divisera ; qu'il se formera des républicains, ayant des prétentions de gouvernement sérieux, qui voudront établir quelque chose de semblable à la forme américaine, et que d'autres révolutionnaires plus *sages*, plus *conséquens*, proposeront simplement la violence comme moyen, l'anarchie comme état permanent et régulier ; le renouvellement sans cesse recommencé de toutes choses comme le vœu de la révolution.

» Le parti royaliste constitutionnel, au moment de se replier sur le parti des royalistes purs, sur le carlisme qui lui tend les bras, proclame déjà sa sympathie, ses préférences pour le parti violent, qu'il suppose devoir déshonorer et perdre plus rapidement la révolution; il déclare d'avance impuissantes et ridicules toutes les tentatives que ferait un parti modéré pour asseoir la république sur les lois. C'est la même tactique qui fut pratiquée par le parti royaliste, dit constitutionnel, de 89 à 92. S'il était vrai qu'il ne fût pas possible de fonder la république sur les lois, ce serait un grand malheur pour le parti qui, plus qu'aucun autre, aurait besoin d'être protégé sous la république par des lois égales pour tous. L'essai mérite dans tous les cas d'être tenté; et quand bien même les hommes ne le voudraient pas, il le serait, parce que c'est le progrès naturel des choses. La république n'a pas commencé par la terreur, mais par la modération, et si la terreur est venue, ç'a été un peu par la faute du vieux parti royaliste, qui trouva souverainement ridicule la modération d'hommes tels que Bailly, Lafayette, Roland, Vergniaud, Brissot, Guadet, et leurs amis.

» Le vieux parti royaliste, brisant avec tous les principes constitutionnels dont il s'est paré quinze ans, et que la France a pris au sérieux, paraît se promettre déjà de prouver qu'il est incorrigible ; ce sera tant pis pour lui, car la révolution ne peut pas reculer, et dans le parti de la révolution il y a beaucoup de gens assez malheureux pour craindre moins l'horrible que le ridicule. Si vous tentez leur modération, si vous la traitez de pusillanimité, si vous avez la folie de les vouloir faire ridicules parce qu'ils seront calmes, prenez garde, vous pourrez chatouiller dangereusement pour vous leur amour-propre, et ils auront peut-être à vos dépens la faiblesse de mieux aimer encourir l'odieux que le ridicule. Beaucoup de gens en France sont ainsi faits. On aime mieux faire trembler que rire ses ennemis; et tel peut espérer tuer de ses railleries la république débonnaire, qui pourrait bien être rudement châtié par la république en furie.

»C'est absolument ce qui est arrivé dans la première révolution. Que de conventionnels furent convertis aux moyens violens par les sarcasmes du royalisme, et qui n'étaient pas nés pour l'emploi des moyens violens! Rien au monde n'est facile comme la violence quand on a le pouvoir d'être violent. C'est se contenir qui est difficile et demande un grand empire du caractère sur les passions. Les souvenirs de notre première révolution sont donc bien loin de la mémoire des royalistes? Après avoir provoqué le parti républicain dans sa modération, il s'humilièrent devant sa colère; ils implorèrent sa miséricorde; ils s'avilirent jusqu'à se faire solliciteurs à la porte de Manuel, de Fouquier-Tinville, de Chaumette. Leurs femmes, si hautaines, si spirituellement moqueuses avec les républicains de l'espèce de Barnave, allèrent se prostituer aux démagogues du plus bas étage; trop heureuses quand un Danton, ayant senti passer sa première fièvre révolutionnaire, daignait les élever jusqu'à lui. Barrère, Tallien, Barras, furent successivement les patrons de cette tourbe de femmes dissolues et de royalistes superbes qui avaient sifflé la république dans sa pureté première, et qui se traînèrent à la suite de ses mépris jusqu'au moment où l'empire les tira de l'avilissement et les chargea de professer les manières aux soldats passés rois, et aux vivandières devenues duchesses. Si le parti royaliste a oublié tout cela, il faut le lui rappeler pour qu'il soit plus réservé cette fois, et se garde de l'impertinence envers les modérés, qu'il peut rendre peut-être violens en les prenant par leur faible, le faible de tous les hommes, la vanité.»

II.

LE GÉNÉRAL LAFAYETTE ET LE GÉNÉRAL ÉGALITÉ.

« On a condamné, il y a six semaines, la *Tribune* pour avoir avancé que Dumouriez et son lieutenant le général Egalité avaient déserté l'armée du Nord en 1793. On exposa fort bien alors comme quoi abandonner l'armée que l'on commande, ou dans laquelle on exerce une mission de confiance, ne s'appelait pas déserter, quand on n'avait que ce moyen de dérober sa tête à un parti ennemi. La *Tribune* a été condamnée à 13,000 f. d'amende pour avoir employé le mot *désertion* au lieu de celui de *fuite,* qu'on trouvait plus poli, si ce n'est plus exact et plus historique.

»Aujourd'hui, le *Journal des Débats*, apostrophant grossièrement le général Lafayette, lui dit : *Vous avez déserté votre armée*. Le *Journal des Débats* a pu diriger en toute sûreté cette insulte contre le vétéran de la révolution : il sait que le général Lafayette ne le fera pas condamner à 13,000 francs d'amende et à un an de prison pour avoir apprécié à sa manière un fait qui appartient à l'histoire. Mais qui ne sait combien la fuite du général Lafayette et celle des généraux Dumouriez et Egalité furent différentes dans leurs circonstances ? Le général Lafayette n'entraînait personne avec lui : il ne passait pas à l'ennemi ; il avait disposé toutes choses pour que son départ ne compromît aucunement son corps d'armée dans la position qu'il occupait. Dumouriez et le général Egalité avaient essayé, au contraire, d'embaucher la troupe et de l'entraîner avec eux. Le général Lafayette, tombant dans les avant-postes autrichiens, fut pris, outragé, traîné comme un criminel par toute l'Allemagne, livré aux insultes des émigrés, et jeté dans les oubliettes d'Olmutz, que sa patriotique captivité a rendues célèbres. Dumouriez et le général Egalité, au contraire, avaient violé le droit des gens dans la personne des députés de la Convention, au nombre desquels était le maréchal Burnonville ; ils entraînèrent plusieurs escadrons avec eux, les conduisirent à l'ennemi, et livrèrent aux Autrichiens les commissaires de la Convention, ce qui leur servit à eux de passeport : ils n'allèrent pas joindre Lafayette dans les cachots d'Olmutz.

»La preuve que la France n'a jamais comparé la conduite du général Lafayette à celle des généraux Dumouriez et Egalité, c'est que Bonaparte se fit un devoir d'exiger à Campo-Formio la mise en liberté du général Lafayette, comme une réparation due à la révolution victorieuse, tandis que les portes de la France furent toujours fermées au général Dumouriez, qui avait non-seulement déserté pour son compte, mais tenté d'ouvrir la frontière à l'ennemi, et qui s'était fait complice de l'étranger en lui livrant, par un guet-à-pens infâme, les commissaires de la Convention. Or, le général Egalité, ayant été associé aux projets et aux moyens d'évasion de Dumouriez, a sa part du jugement qu'a porté l'histoire sur la conduite de Dumouriez. Après tout, il n'est pas étonnant que le général Lafayette soit injurié par une feuille qui a été long-temps livrée aux intérêts de l'émigration et de l'ancien régime ; mais il est étonnant que la même feuille soit plus polie pour l'ancien général Egalité, car enfin l'un se sépara de la révolution après le 10 août 1792, et l'autre seulement après le 21 janvier 1793, ce qui ne laisse pas d'établir une certaine différence entre les motifs des deux résolutions. Le général Lafayette se sépara de la révolution quand il eut condamné sa marche ; il ne lui pardonna pas l'insurrection du 10 août. Le général Egalité, plus indulgent, avait pardonné non-seulement le 10 août, mais le 21 janvier. Le *Journal des Débats* devrait avoir bien plus d'horreur pour le second personnage que pour le premier.

» Le *même journal* se refuse à croire que, dans une conversation à l'Hôtel-de-Ville, l'ancien général Egalité ait déclaré au général Lafayette qu'il était au moins aussi partisan que lui de la forme républicaine. Les faits sont là cependant pour prouver que cette conversation a pû avoir lieu. Le général Egalité a été incontestablement plus républicain que le général Lafayette. Le général Lafayette n'a jamais renoncé qu'à son titre de marquis, et il ne l'a repris à aucune époque. Il n'eut jamais la pensée d'échanger son nom de Lafayette contre celui de Chou, de Betterave, de Montagne, de Fraternité, etc., qu'on trouvait, dans le calendrier républicain, à côté du nom d'Egalité. Le nom de d'Orléans avait été abandonné pour celui d'Egalité, par le prince qui est redevenu Bourbon en 1814 et l'a été pendant quinze ans, et qui depuis deux ans règne, non comme Bourbon, mais quoique Bourbon, ainsi que l'a dit M. Dupin. Il est impossible que le roi Louis-Philippe ne soit pas, depuis deux ans, partisan exclusif de la monarchie, il y est très intéressé; mais il est impossible aussi que le même prince n'ait pas été chaud partisan de la république, quand il avait nom Egalité. Le *Journal des Débats* a donc grandement tort de douter de la célèbre conversation de l'Hôtel-de-Ville. »

III.

« Il y a un cri auquel s'est ralliée en juillet l'immense majorité des Français, c'est le cri : PLUS DE JÉSUITES ! On ne s'avisa pas alors de distinguer entre la branche cadette et la branche aînée. Les jésuites étaient la plaie de la France, et la royauté était complice des jésuites. Les jésuites et la royauté disparurent ensemble.

» Aujourd'hui les intrigues, les conspirations de la royauté-jésuite, pour se relever, font le mal de la France. Le cri qui rallierait encore l'immense majorité nationale, c'est celui-ci : PLUS DE BOURBONS ! Tant pis pour la royauté actuelle si elle a assez ménagé les Bourbons et leur parti pour rappeler qu'elle leur était parente ! »

Le 6 juin suivant, le *National* publia l'article ci-après :

« Un autre jour, nous pourrons nous étendre sur l'imposant spectacle qu'a offert le convoi du général Lamarque, depuis son départ de la rue St-Honoré jusqu'à son arrivée à la place de la Bastille; mais là des scènes sanglantes ont pris place. L'effusion du sang, ou tout au moins les explosions d'armes à feu durent encore à l'heure où nous écrivons, minuit. Nous avons vu se reproduire presque les mêmes symptômes insurrectionnels qui signalèrent la journée du 27 juillet 1830. Seulement, ce que nous n'avions pas vu dans les combats avant-coureurs de la grande lutte des 28 et 29 juillet, c'était des gardes nationaux faisant feu l'un sur l'autre, et Paris a offert aujourd'hui ce triste spectacle. Ce n'est plus l'émeute aux prises avec la force régulière, mais les opinions en guerre avec les opinions. C'est de la guerre civile.

» L'irritation des esprits, depuis les événemens du Midi et de la Vendée, est si grande, qu'il faut, pour l'enflammer, les plus petites causes. L'autorité n'a pas cherché à contrarier ouvertement la manifestation publique dont les obsèques du général Lamarque ne pouvaient manquer d'être l'occasion; seulement, elle a fait paraître son mauvais vouloir, en suscitant des petites difficultés qu'on pouvait attendre d'un pouvoir timide et tracassier. Ainsi, on savait que que le maréchal Lobau avait défendu aux officiers de l'état-major de la garde nationale de suivre le convoi du général Lamarque. L'absence des élèves de l'Ecole Polytechnique était remarquée, et l'on n'ignorait pas que ces jeunes gens avaient été consignés et menacés d'expulsion s'ils prenaient part à ce deuil, qu'on peut appeler le deuil de tout Paris, car tout Paris y était, peuple et garde nationale. En arrivant sur la place Vendôme, on s'étonna de ce que le poste de garde à l'état-major de la place ne rendait pas les honneurs au cortége, et ce ne fut qu'après une contestation assez vive qu'on obtint que le poste prît les armes et se rangeât en bataille devant l'illustre mort. Pendant le trajet de la place Vendôme à la place de la Bastille, plusieurs rixes se sont engagées entre des sergens de ville, qui gardaient insolemment le chapeau sur la tête quand la foule tout entière était découverte. Quelques sergens de ville ont été maltraités. On se souvient que, d'après le programme publié dans notre numéro d'hier, le corps du général Lamarque devait être conduit en pompe jusqu'à la place de la Bastille, et là, après les discours d'usage, on devait le placer sur une voiture destinée à le porter au lieu désigné par le général pour sa sépulture. Un certain nombre de jeunes gens ont paru vouloir diriger la voiture qui venait de recevoir le corps vers le Panthéon. La police les a fait charger par la cavalere pour les forcer à lâcher prise. Sur un autre point, on enlevait le général Lafayette, et on le plaçait malgré lui dans une voiture de place dont on dételait les chevaux pour ramener ainsi le général jusqu'à son domicile. Cette nouvelle démonstration a déterminé une seconde charge de cavalerie, à laquelle on a répondu par le cri : *Aux armes!*

» Comme le cortége du général Lamarque se composait à moitié de citoyens en habit de garde national, l'habit de garde national a eu sa part des insultes de la police. Les gardes nationaux n'étaient pas armés pour résister. Ils s'étaient rendus à une cérémonie religieuse, et non point à une bataille. Cependant plusieurs coups de fusil ne tardèrent pas à répondre à la charge des dragons et en démontèrent quelques-uns. Les cris : *Aux armes!* redoublèrent ; on y mêlait ceux de *Vive Lafayette! vive la liberté! plus de Bourbons!* Ce dernier cri avait retenti plusieurs fois pendant la longue marche du cortége. Il avait été provoqué par l'insulte d'un légitimiste signalé, de M. le duc Fitz-James, qui, appuyé sur un balcon, la tête obstinément couverte, malgré les cris de la multitude, semblait s'être chargé de prouver que la haine des partisans des Bourbons pour les hommes de la révolution ne respecte pas même la tombe. Plusieurs charges ayant achevé la dispersion du cortége, qui avait suivi le général Lamarque jusqu'à la place de la Bastille, les troupes conservèrent cette place comme une position conquise, pendant que la population, se rejetant dans les quartiers environnans, dressait des barricades, dépavait les rues et cherchait à se procurer des armes en enlevant les postes qu'elle rencontrait sur son passage. Tous les préliminaires des mémorables journées de juillet se sont reproduits avec une fidélité remarquable.

» Pendant plusieurs heures la police a paru abandonner à la population toute l'étendue de boulevard qui règne de la place de la Bastille à la porte Saint-Denis. Les troupes se concentraient sur les places Vendôme et du Carrousel. La générale battait pour la garde nationale, qui n'a répondu à l'appel que fort lentement et assez tard. On nous assure qu'à minuit l'infanterie de ligne s'est rendue maîtresse du boulevard depuis le Gymnase jusqu'à la place de la Bastille, mais que l'entrée du faubourg Saint-Antoine est toujours barricadée, et qu'on ne paraît pas disposé à une attaque de vive force. Les carabiniers, qui ont appuyé le mouvement de l'infanterie, se reploient vers la place Vendôme ; la fusillade reprend beaucoup d'énergie par intervalle. On assure que la mairie du 8e arrondissement est au pouvoir de la garde nationale, qui en a pris possession, et y est réunie au nombre de cinq cents hommes. On dit aussi que la poudrière du boulevard de l'Hôpital a été prise par le peuple. Rue Montmartre, une barricade a été enlevée par les dragons, qui ont forcé les habitans des maisons voisines à illuminer, car il n'est pas besoin de dire que les réverbères des principales rues de la capitale ont encore été une fois brisés.

» Ainsi, voilà la guerre civile à Paris, Nous l'avons dans le Midi et dans l'Ouest, et cela en face de l'étranger, qui peut nous envahir et nous menacer. La France n'a jamais été dans une situation plus critique. L'immense concours des citoyens qui ont voulu, en suivant le convoi de Lamarque, prouver qu'ils condamnent la marche extérieure et intérieure du gouvernement, était bien assez considérable pour instruire le château et lui prouver qu'il est dans une mauvaise voie. L'effusion du sang est venue se joindre à ce témoignage et ajouter à tant de causes d'indignation une cause qui les résume et les surpasse toutes. Le sang des Parisiens a encore été versé une fois dans un pur intérêt de dynastie, et ce sang versé crie vengeance. La population de Paris veut une satisfaction et l'obtiendra, si la modération et l'esprit de conduite viennent se joindre à l'énergie et en assurer les fruits.

» La troupe de ligne reçoit des ordres et y obéit à contre cœur, nous en sommes persuadés. La portion de la garde nationale qui prend les armes et répond à l'appel obéit à un sentiment d'ordre et de conservation, et ne fait pas acte d'adhésion au système infâme qui nous livre à l'étranger par d'indignes concessions, et au carlisme par la guerre civile. Nous supplions donc les patriotes, dont nous partageons la trop juste indignation, et qui partagent nos sentimens d'ordre et d'humanité, de considérer comme des concitoyens les militaires qu'on leur oppose, et de se garder de toute provocation envers eux. Il est impossible que les chefs de nos douze légions parisiennes, que les maires de nos douze arrondissemens municipaux, que les députés présens à Paris, et qui récemment ont appelé au pays des sentences rendues par l'ignoble politique du juste-milieu contre l'honneur et la sécurité de la France; il est impossible, enfin, que les uns et les autres, magistrats, députés, gardes nationaux, se croient fidèles à leurs sermens envers le pays, s'ils n'intervenaient pas de la manière la plus énergique entre la population qu'on menace d'égorger et un gouvernement qui veut forcer les soldats à égorger la population, les citoyens à s'armer contre les citoyens. Ce gouvernement a amené par son impéritie la guerre civile dans l'Ouest et le Midi. Par son endurcissement à soutenir son fatal système, il s'est fait une nécessité du crime; il faut qu'il étouffe dans le sang nos patriotiques résistances; il est en guerre civile avec tout le monde; il peut faire peut-être quelque mal encore, mais du bien il n'en fera plus : il est en opposition avec tous les intérêts de la France, et la France veut un gouvernement qui la défende, au lieu de l'assassiner; ce gouvernement, elle le trouvera dans le concours de toutes les volontés interrogées avec bonne foi. C'est aux amis de la souveraineté nationale à montrer qu'ils respectent dans toute leur étendue le principe qu'ils ont proclamé. Point de ces emblêmes, point de ces cris qui rappellent une époque de sang et dont heureusement le retour est impossible. La garde nationale ne peut se rallier à une faction, quelle qu'elle soit. Elle se rattachera à un principe, celui que la France est souveraine et peut seule disposer d'elle-même. »

Le même numéro contenait en outre un discours prononcé sur le catafalque du général Lamarque, par M. B. Vidau, étudiant en droit, député par les écoles. On y trouvait les phrases suivantes :

« Ah! pourquoi faut-il que cette épée se soit brisée! Pourquoi sommes-nous si tôt condamnés à ne plus entendre cette voix sublime, éternelle accusation d'un gouvernement sali de honte et défaillant de peur !...

» De droit ou de force, conquérons ces institutions républicaines perfidement promises et lâchement refusées !.... Fidèles à notre devise : *Union et fraternité*, donnez-nous le signal, et nous ne serons pas sourds à votre appel. L'an 1832 aura son juillet aussi !!!... »

A raison du premier et du troisième articles du 31 mai, M. Paulin, gérant du *National*, est accusé du crime capital de provocation, suivie d'effet, à un attentat ayant pour but de détruire ou de changer le gouvernement. A raison du deuxième article, M. Paulin est prévenu du délit d'offense à la personne du roi.

Les deux articles du 6 juin ont donné lieu contre M. Paulin, gérant du *National*, et M. Hingray, imprimeur, 1° à une accusation du crime capital de provocation, suivie d'effet, au renversement du gouvernement ; 2° à une prévention du délit d'excitation à la haine et au mépris du gouvernement.

M. Paulin est assisté de deux défenseurs, MM^es Benoit et Charles Comte ; MM^es Dupont et Charles Ledru sont chargés de la défense de M. Hingray.

M. LE PRESIDENT NAUDIN reçoit le serment des jurés. Le greffier donne lecture des arrêts de renvoi, actes d'accusation et ordonnances rendus successivement dans cette affaire.

Me BENOIT : Je dois faire observer à la cour que des témoins ont été assignés à la requête des accusés pour établir quelques faits ; nous renonçons à l'audition de ces témoins, à l'exception de deux, M. le général Pajol et M. le général Lafayette.

M. LE PROCUREUR-GÉNÉRAL PERSIL : Veuillez expliquer les faits sur lesquels vous voulez que ces témoins soient entendus.

Me BENOIT : Nous n'avons pas besoin d'expliquer sur quoi nous voulons faire entendre les témoins, attendu que nous ne sommes pas sous la simple prévention d'un délit, mais sous l'accusation d'un crime, crime qui est défini et puni par l'article 87 du Code pénal. S'agissant d'un crime au premier chef, il est naturel que les accusés soient admis à établir qu'il n'y a pas eu complot ou qu'ils sont étrangers au complot ; leurs moyens de défense peuvent être tirés même des témoignages ; la législation spéciale de la presse ne reçoit pas ici d'application.

M. LE PRESIDENT : Le défenseur est dans l'erreur sur la qualification des crimes ou délits. Ni M. Paulin, ni M. Hingray ne sont accusés d'attentat ou de complot, mais seulement de provocation.

Me BENOIT : Deux points sont à considérer : d'abord la provocation, et ensuite le crime auquel on la rattache. Quant à la première question, elle est renfermée dans les termes de la loi du 17 mai 1819 ; mais, comme le crime n'est pas seulement dans la provocation, comme le crime n'existe que s'il se rattache à l'attentat, nous voulons faire entendre des témoins, non sur la provocation en elle-même, mais sur l'attentat et sur le lieu qui unirait l'un à l'autre. Si nous arrivons à montrer, par exemple, qu'il n'y a pas eu d'attentat, que deviendra l'accusation ?

M. PERSIL : La chambre d'accusation a commencé par constater le fait principal. Il y a, selon elle, provocation au renversement du gouvernement, et cette provocation a été suivie d'effet ; que diront donc les témoins ? Si l'on veut prouver que la provocation n'a pas été suivie d'effet, nous comprenons qu'on pourra produire des témoignages ; mais si, par un motif vague, et plutôt peut-être pour faire du scandale... (rumeur dans l'auditoire), plutôt pour faire du scandale que pour toute autre chose, on présente des témoins nombreux (et les noms portés sur la liste qui nous a été communiquée pourraient le faire croire), je regarde comme mon devoir de demander expressément que les accusés précisent sur quoi ils veulent faire entendre des témoins.

Me BENOIT : Je commence par exprimer mon étonnement et mon regret que M. le procureur-général ait cru pouvoir se servir d'une expression qui ne trouvait ici aucunement sa place ; il a craint le scandale ; mais le scandale n'est dans la pensée ni des défenseurs, ni des accusés : je renvoie donc cette express on à qui de droit (M. Persil se récrie). Quant au motif de notre débat, la question est à moitié concédée par M. le procureur-général ; il dit que si notre intention est d'établir qu'il n'y a pas eu véritablement tentative de renversement du gouvernement, il ne s'opposera pas aux dépositions; mais il veut que je précise sur quoi je ferai interroger les témoins ; à cela ma réponse a déjà été faite : je sais qu'en matière de preuves pour le cas, par exemple, d'offense envers un magistrat dans l'exercice de ses fonctions, la limitation des points sur lesquels les dépositions porteront est prescrite; mais quand il s'agit d'un procès au grand criminel, l'accusé n'est nullement tenu de dire pourquoi il a fait assigner des témoins. Nous demandons, en conséquence, non comme une faveur, mais comme l'exercice naturel et ordinaire d'un droit rigoureux, l'audition des témoins que j'ai indiqués ; nous demandons que ce que l'on accorde à des assassins soit accordé à MM. Paulin et Hingray.

Me CHARLES COMTE : Je demande à soumettre à la cour une simple observation. Qu'est-ce qui constitue le crime imputé à M. Paulin ? C'est la liaison supposée entre la provocation et les événemens des 5 et 6 juin. Pour que le crime capital existe, il faut, 1° qu'il y ait eu provocation au renversement du gouvernement ; 2° qu'il y ait eu attentat ayant pour but le renversement du gouvernement ; 3° liaison évidente et prouvée entre la provocation et l'effet : car si nous démontrons que les faits des cinq et 6 juin ont été produits par des causes indépendantes du *National*, ont été étrangers aux articles incriminés, on ne pourra plus dire qu'il y a eu provocation suivie d'effet. C'est sur cette liaison entre la provocation et l'effet qui y est attribué, que nous voulons faire entendre des témoins; nous voulons prouver que les effets signalés par le ministère public n'ont pas eu pour cause celle qu'on leur a attribuée, ont eu enfin une autre cause.

Me BENOIT : J'ajouterai que, sur cette liste de témoins que M. le procureur-général a tant examinée, nous avons retranché tous les noms, sauf deux. Nous ne demandons à faire entendre que les généraux Pajol et Lafayette ; ces deux noms assurément sont des garanties.

M. PERSIL : je suis fâché qu'une expression dont je me suis servi ait blessé l'un des défenseurs et l'ait porté à me faire en quelque sorte une insulte, en me renvoyant cette expression. (Murmures dans l'auditoire ; longue agitation.)

M. LE PRESIDENT réclame le silence.

Le bruit continue ; un applaudissement se fait entendre. (Nouvelle et plus grande agitation.)

M. LE PRESIDENT : Qu'on fasse sortir l'individu qui vient d'applaudir.

UNE VOIX : C'est un sergent de ville qui a applaudi M. Persil. (On rit.)

UN SERGENT DE VILLE se lève et paraît adresser au président une explication que nous n'entendons point. Le calme finit par se rétablir.

M. PERSIL : Nous déclarons que si des marques d'approbation ou d'improbation sont données de nouveau, nous requerrons que l'on fasse évacuer la salle. Je n'ai pas eu l'intention de blesser les accusés; on ne devait pas me renvoyer l'expression dont je m'étais servi; je parlais hypothétiquement, et sur le vu de noms de témoins à l'audition desquels les défenseurs viennent tout à l'heure de renoncer eux-mêmes. L'un des défenseurs a très bien compris le véritable point de la question; nous n'accusons ni M. Paulin, ni M. Hingraiy de participation à l'attentat des 5 et 6 juin, mais de provocation à cet attentat. Maintenant il faut voir s'il peut y avoir nécessité, possibilité même d'entendre des témoins......

Me COMTE : Nous avons expliqué que nous demanderions aux témoins des éclaircissemens sur les événemens des 5 et 6 juin.

M. PERSIL : Nous savons que nous sommes obligés de prouver non-seulement qu'il y a eu provocation de la part du *National*, mais encore que la provocation a été suivie d'effet; il nous importe autant qu'aux accusés de rechercher s'il y a eu liaison entre la provocation et l'effet. La question de l'audition des témoins étant limitée à ce cas, il nous paraît que nous n'avons plus de contestation à élever.

La cour se retire pour en délibérer; elle rend au bout d'un quart-d'heure l'arrêt suivant :

« Attendu, en ce qui concerne la provocation par la voie de la presse, que l'audition des témoins est inutile puisque les écrits sont là pour prouver l'intention de l'écrivain; mais, attendu qu'au fait de provocation imputé à Paulin se joint, en outre, un fait capable de donner à la provocation le caractère du crime, le fait que cette provocation aurait été suivie d'effet, et que, sur ce fait, il peut être utile à la défense de faire entendre des témoins,

» La cour donne acte aux accusés de ce qu'ils renoncent à l'audition des témoins par eux cités, à l'exception du général Lafayette et du général Pajol, et ordonne que ces témoins seront entendus sur le seul fait de l'attentat. »

Me DUPONT : Je dois rappeler à la cour que M. Hingray a fait assigner trois témoins à l'audition desquels il ne renonce point; ces témoins devront s'expliquer sur le fait de publication et sur la part qu'a pu y prendre M. Hingray.

M. LE PRÉSIDENT donne l'ordre qu'on fasse retirer ces trois témoins avec les généraux Pajol et Lafayette; il procède ensuite à l'interrogatoire des accusés.

D. Accusé Paulin, n'êtes-vous pas le gérant du *National*?—R. Oui.

D. Etes-vous l'auteur des articles incriminés?—R. Non.

D. Vous en reconnaissez-vous responsable comme gérant? — R. Oui, Monsieur.

D. Reconnaissez-vous avoir fait insérer ces articles dans le journal? — R. Oui, à l'exception du discours de l'étudiant en droit. Je n'ai pas fait insérer ce discours; il a passé inaperçu et sans avoir été examiné. Il nous avait été apporté le 5 juin très tard, et personne n'a eu le loisir d'y jeter les yeux.

M. LE PRESIDENT, à M. Hingray : Vous êtes imprimeur du *National*? — R. Oui; mais il m'est impossible d'avoir eu connaissance des articles publiés le 6 juin dans la matinée, attendu que je ne suis pas allé dans les bureaux du *National* dans la soirée du 5 juin. Je dis cela, parce que c'est la vérité. Et ce n'est pas que je sois le moins du monde disposé à repousser ma part de responsabilité morale dans cette cause, tout au contraire. Je me dois de déclarer que, dans mon opinion, les articles incriminés ne contiennent rien qu'on ne puisse avouer, et que, si j'en avais eu connaissance avant leur publication, je les aurais certainement accueillis.

M. LE PRESIDENT : Faites venir le premier témoin.

M. PAJOL, âgé de cinquante-neuf ans, lieutenant-général, est introduit.

M. LE PRESIDENT lui dit : Vous avez entendu la lecture des actes d'accusation ; dites ce dont vous avez connaissance, et qui se rattache à l'accusation.

Me BENOIT : Nous allons préciser ce que nous voudrions demander à M. le général Pajol. Ne serait-il pas vrai qu'un rapport qu'il aurait été en position de faire, le 5 juin, vers cinq heures, aurait indiqué comme une cause des premiers troubles l'apparition imprévue des dragons?

M. PERSIL : Je suis obligé de m'opposer à la position de cette question. On ne peut pas demander au témoin, qui est commandant de la ville de Paris, de rendre compte des rapports qu'il a pu faire en cette qualité. Ses rapports, une fois faits, ne lui appartiennent plus.

M. LE PRESIDENT : Un arrêt de la cour a restreint les dépositions aux faits de l'attentat, et les a isolées de toute liaison qu'on voudrait établir entre ces faits et les articles incriminés.

Me COMTE : Je demanderai à M. le général Pajol si, dans la journée du 5 juin, il n'est pas venu à sa connaissance que la lutte du pont d'Austerlitz eût commencé de la part des dragons ; n'est-ce pas ainsi que les événemens de cette journée lui ont apparu, d'après les renseignemens qu'il a reçus? La cour comprend combien il est important de rechercher si l'agression a été du côté de la population ou des prétendus conjurés, ou si, au contraire, ce sont les troupes qui ont attaqué.

M. LE PRESIDENT reproduit la question posée par Me Comte, et invite le général Pajol à y répondre.

M. le général PAJOL : Beaucoup de rapports me sont parvenus; les uns portaient que les dragons avaient chargé sans avoir été préalablement attaqués; les autres disaient qu'ils n'avaient fait que répondre à des coups de fusil.

Me COMTE : Le témoin sait-il si l'on a mis à la tête de la force armée des magistrats civils?

M. LE PRESIDENT : Cela s'écarte entièrement de l'accusation.

UN DES DEFENSEURS : Il me semble du moins que cela se rapproche beaucoup de la défense.

M. LE PRESIDENT : Quel rapport y a-t-il entre cette question et l'attentat?

Me BENOIT : Ce sera un objet de discussion pour la défense.

Me COMTE : Quant à présent, il ne s'agit que d'un fait à éclaircir.

M. LE PRÉSIDENT : Cette question tend à incriminer plus ou moins l'autorité ; mais elle ne me semble pas aider la défense.

Me COMTE : Il importe beaucoup de savoir si les citoyens se sont trouvés en présence d'injonctions auxquelles ils devaient impérieusement obéir. Si l'autorité n'a pas rempli les devoirs que la loi lui imposait, il n'y aurait plus eu rebellion; il y aurait eu un conflit qui serait soumis à une appréciation tout autre.

M. LE PRESIDENT : En tout cas, ce n'était pas au témoin à placer des officiers civils à la tête de la troupe.

M PAJOL : En effet, je n'étais pas présent sur les lieux.

Me COMTE : Mais M. le général Pajol commande la force armée : si un ordre a été donné, il doit le savoir.

M. LE PRESIDENT : Le témoin a déjà dit qu'il ne savait rien sur le commencement de la lutte que d'après les rapports qui lui étaient parvenus.

Me COMTE : Voici ce que porte un rapport qui, si je ne me trompe, a été adressé, le 5 juin, vers cinq heures, à l'autorité :

« Etat-major-général, le 5, à six heures.

» A l'instant même, on m'apprend que le détachement de la garde municipale et des dragons qu'on a si maladroitement envoyés sur le pont d'Austerlitz a tiré sans ordre sur les masses qui faisaient partie du convoi ; que plusieurs hommes ont été tués et blessés. J'envoie un officier sur les lieux pour reconnaître l'exactitude de ce rapport. J'aurai l'honneur de vous instruire de ce que j'apprendrai. Signé **PAJOL**.»

M. PAJOL : Je ne sais ce que c'est que ce rapport ; ce que je puis affirmer, c'est que je n'ai point gardé copie de celui que, le 5 juin, vers six heures, j'ai dû faire parvenir sur les événemens.

Me COMTE : M. Pajol veut-il dire si la copie que je viens de lire est exacte ?

M. PAJOL : En vérité, je ne sais pas.

M. LE PRESIDENT : Je m'oppose formellement à ce qu'on interroge le témoin sur les relations qu'il a eues avec l'autorité dans l'exercice de ses fonctions.

Me COMTE : Nul ne peut se dispenser, lorsqu'il s'agit d'un crime, de rendre compte de ce qu'il sait. J'insiste pour demander si cette pièce est exacte dans l'opinioin de M. le général Pajol.

M. PERSIL : Les rapports ne se sont trouvés entre les mains de M. le général Pajol qu'en sa qualité d'homme public ; il n'a aucun éclaircissement à donner à cet égard.

Me BENOIT : Tous les jours, dans des procès ordinaires, nous voyons des fonctionnaires venir devant la justice confirmer des rapports qu'ils ont fait dans l'instruction et charger les accusés ; comment des fonctionnaires ne feraient-ils pas des dépositions sur ce qui pourrait être favorable aux accusés ?

Me COMTE : Je demande la permission de réitérer ma question. Ce rapport a-t-il été fait par M. Pajol ?

M. LE PRESIDENT : Je ne puis pas interroger le témoin dans ce sens ; si vous désirez que je demande au témoin *s'il a entendu dire* que la troupe avait chargé sans ordre, je vais le demander.

M. PAJOL : Je réponds que les premiers rapports qui me sont parvenus ont dit que la charge des dragons avait été faite sans ordre ; les seconds rapports ont dit que la troupe n'avait chargé que parce qu'on avait fait feu sur elle.

M. LE PRESIDENT : Faites venir le deuxième témoin.

M. LE GÉNÉRAL LAFAYETTE est introduit. (Un mouvement général de curiosité, d'intérêt et de respect se manifeste dans toute l'assemblée.) Interrogé par M. le président sur ses nom et profession, il répond : « Lafayette, âgé de 74 ans, cultivateur et député, demeurant à la Grange, département de Seine-et-Marne, et à Paris, rue d'Anjou, n° 6. J'attends, continue-t-il, qu'on m'adresse quelque question ; néanmoins, comme un fait me concernant a été énoncé, je demande à m'expliquer....

M. LE PRESIDENT : Vous avez à vous expliquer dans l'intérêt de l'accusation seule.

M. LE GENERAL LAFAYETTE : Comme il a été question dans l'acte d'accusation d'un fait qui me concerne particulièrement, ainsi que quelques-uns de mes amis, je demande à m'expliquer sur ce fait. Il a été question d'une certaine identité entre ce qui s'est passé avant 1792 et après le 21 janvier 1793 ; à cet égard je suis de l'avis de l'accusé, je n'accepte pas l'identité. Le tribunal veut-il que je m'explique à cet égard?

M. LE PRÉSIDENT : En aucune manière. Ce fait est étranger au débat actuel.

M. DE LAFAYETTE : Alors, je n'ai rien à dire.

M. PAULIN : Je demande la permission de faire une courte observation : Je suis accusé notamment à raison d'un article où se trouvent les mots : *Plus de Bourbons!* Nous devons établir que *le National* n'a jamais accepté la division des Bourbons en deux branches; nous soutenons que dès le principe la famille régnante s'est présentée comme famille d'Orléans et non comme famille de Bourbon.

La question, qui a tant exercé la subtilité des doctrinaires est de savoir précisément si Louis-Philippe a été appelé au trône comme Bourbon ou quoique Bourbon : c'est notre opinion à nous qu'il ne règne pas *comme Bourbon*; jamais on ne montrera dans aucun de nos numéros l'indication d'une distinction entre la branche aînée et la branche cadette.....

M. LE PRESIDENT : Je comprends que cela pourra être important pour votre défense; mais le témoin ne pourra jeter là-dessus aucune lumière.

M. PAULIN : Je vous demande pardon; le général Lafayette sait pertinemment que Louis-Philippe ne s'est pas donné dans le principe pour Bourbon, et ne s'est prévalu que de son titre de duc d'Orléans.

M. PERSIL fait un geste de mécontentement et de colère.

Me BENOIT : Notre article, où les mots : *Plus de Bourbons!* se trouvent, peut être interprété en divers sens; c'est la bonne interprétation que nous cherchons, et il nous semble qu'elle ne peut être plus sûrement donnée que par l'honorable général, qui, mieux que personne, sait comment les choses se sont passées en juillet et en août 1830.

M. PERSIL : *Qué-que ça fait!*

Me BENOIT : Cela fait, ce me semble beaucoup, et je demande que le témoin soit invité à s'expliquer à cet égard : cela rentre précisément dans la cause.

M. PERSIL fait apporter un siége au général Lafayette et l'invite à s'asseoir.

M. LE GÉNÉRAL LAFAYETTE : Je vous remercie; je ne suis nullement fatigué.

Me BENOIT : Une fois que la conscience de MM. les jurés sera éclairée par un témoignage aussi impartial et aussi véridique que celui de l'honorable général, la tâche de la défense sera beaucoup plus facile.

M. LE PRESIDENT : J'en suis convaincu; mais je n'ai pas à demander au général son opinion personnelle.

Me COMTE : Cela est vrai; mais c'est aussi l'explication d'un fait et non l'émission d'une opinion que nous demandons.

M. LE PRESIDENT : Veuillez prendre des conclusions, la cour statuera.

Me DUPONT : C'est parfaitement inutile; la cour a déjà décidé nombre de fois que le président était investi d'un pouvoir discrétionnaire pour admettre ou rejeter les questions, et que la cour n'avait pas à se mêler de cela.

M. PERSIL : Vous insultez la cour, et vous commettez une erreur de fait.

Me DUPONT : Vous vous trompez, M. le procureur-général, et vous ne savez pas ce qui s'est fait.

M. PERSIL : Vous m'insultez à mon tour. (On rit.) Je demande acte et de ce que vous avez dit d'abord, et de ce que vous venez de dire en second lieu.

M. LE PRÉSIDENT ordonne que les expressions de Me Dupont seront consignées au procès-verbal de la séance.

Me DUPONT, au greffier : Veuillez, M. le greffier, consigner exactement ce que j'ai dit : c'est-à-dire que M. le procureur-général se trompait, et qu'il ne savait pas ce qui s'était fait. Tout le monde sait, sauf, à ce qu'il paraît, M. le procureur-général, que déjà par de nombreux arrêts la cour a décidé que l'admission ou le rejet des questions à faire aux témoins était dans les limites du pouvoir discrétionnaire du président.

M. LE PRESIDENT : La cour ne procède point par voie de jurisprudence ; à chaque arrêt qu'elle rend, elle se décide sur les circonstances spéciales qui l'ont provoqué.

M. PERSIL, à Me Dupont : Vous avez dit que c'était *un parti pris*.

Me DUPONT : Je n'ai rien dit de semblable ; ne dénaturez pas mes paroles, et ne m'en prêtez pas de blessantes pour la cour.

M. PERSIL : Vos paroles sont consignées, et je prendrai, plus tard, telles réquisitions qu'il faudra, si je le juge convenable.

Me DUPONT : Prenez-les toute de suite, je n'aurai pas de peine à m'expliquer.

M. PERSIL : Nous n'avons pas à recevoir d'avis de vous ; nous ferons usage de ce qui est consigné au procès-verbal, quand il y aura lieu.

Me DUPONT : Je ne doute pas que vous n'en fassiez usage avec empressement.

M. PERSIL à M. le général Lafayette : Général, veuillez vous asseoir tandis qu'on rédige les conclusions qui viennent d'être prises.

M. LE GENERAL LAFAYETTE : J'ai déjà eu l'honneur de remercier M. le procureur-général, je ne suis point fatigué.

Me BENOIT : Voici les conclusions que nous prenons pour faire admettre la question que nous avons indiquée :

« Attendu que M. Paulin est accusé d'un crime qui résulte de la fausse interprétation d'un article où se trouvent les mots : *Plus de Bourbons* ; attendu qu'il importe de prouver que le roi a lui-même répudié le nom de Bourbon, plaise à la cour poser au général Lafayette la question précédemment indiquée. »

La cour, après quelques minutes de délibéré, rend l'arrêt suivant :

« Attendu que la question présentée, si elle l'était avec intention, ce qui peut paraître douteux, constituerait une censure envers le roi, la cour dit que cette question ne sera pas posée. »

M. LE PRESIDENT, au général Lafayette : Vous pouvez aller vous asseoir.

M. LE GENERAL LAFAYETTE : Etant interpelé, je dois en conscience....

M. LE PRESIDENT : On ne vous interpelle pas.

Me COMTE : Je prierai M. le président de vouloir bien demander à M. le général Lafayette, qui est resté l'un des derniers près du pont d'Austerlitz, s'il sait de quel côté l'agression est venue.

M. LE GÉNÉRAL LAFAYETTE : Je l'ignore. Je regrette que l'on ne m'ait pas interrogé sur un autre point; je pouvais aider la défense sans aucunement m'écarter du respect que je dois au roi.

M. LE PRESIDENT : Vous ne pouvez parler que sur les faits de la cause.

M. LAFAYETTE : Ce qui s'est passé à l'Hôtel-de-Ville n'est pas étranger.....

M. LE PRESIDENT : Je vous demande pardon; vous ne pouvez pas.....

M. LAFAYETTE : Parmi les cris unanimes *plus de Bourbons* qui, en juillet, se faisaient entendre.....

M. LE PRESIDENT : Nous ne pouvons pas vous écouter sur.....

M. LAFAYETTE : On entendait aussi beaucoup de cris de : *Vive d'Orléans !*

M. LE PRESIDENT : Veuillez vous retirer.

M. LAFAYETTE va s'asseoir sur un des bancs réservés aux témoins.

La cour entend MM. Rouen et Achille Grégoire, rédacteur du *National*. Ces deux témoins attestent que, ni dans la soirée, ni dans la nuit du 5 juin, M. Hingray n'a paru dans les bureaux du *National*; que dès lors il n'a pu prendre aucune connaissance personnelle de ce qui a été publié dans le numéro daté du 6 juin.

M. THIBAUT, concierge de la maison où demeure M. Hingray, dépose que M. Hingray n'est pas sorti de chez lui dans la journée du 5 juin.

M. LE PRESIDENT : La parole est à M. le procureur-général.

M. PERSIL déploie un énorme manuscrit dont il commence la lecture en ces termes, du ton le plus véhément :

Messieurs, depuis la révolution de juillet, Paris fait des efforts inouis pour conserver l'ordre dans son sein. Ses habitans éclairés sont convaincus qu'il y a assez de liberté dans les institutions, assez de franchise et de loyauté dans le pouvoir, pour que toutes les classes de la société puissent se livrer paisiblement à leur industrie et arriver à une amélioration graduelle de leur sort. Cependant des émeutes presque mensuelles surprennent et arrêtent toutes les spéculations. Une dernière insurrection, qui avait tous les caractères de la guerre civile, a porté la désolation dans les familles et l'effroi dans la cité. Quelles peuvent être les causes de tant de désastres ? quels sont les moyens d'en empêcher le renouvellement ?

Mieux que personne, Messieurs les jurés, vous êtes à portée de les connaître. On a traduit devant vous quelques-uns des principaux acteurs de la dernière et de la plus sanglante insurrection; vous avez vu des hommes sans consistance, sans position sociale, sans instruction, incapables de juger par eux-mêmes les diverses formes de gouvernement et de choisir entre elles; des jeunes gens sortant à peine du collège, n'ayant pas encore et ne pouvant pas avoir par eux-mêmes des opinions politiques arrêtées.

Ce n'était pas le besoin qui mettait les armes à la main à ces malheureux, car ils avaient tous des moyens d'existence assurés ou la facilité de se les procurer. Quoiqu'ils criassent *vive la république !* ce n'était pas la haine pour la royauté qui les avait armés. On les a vu derrière les barricades honorer le passage du roi en élevant leurs chapeaux. Ce n'était pas enfin le désir d'obtenir pour eux des droits politiques : dans quelque situation qu'ils eussent réussi à placer la France, à mois de la forcer de se soumettre à une démocratie pure, ce qui n'a jamais existé, ils seaient restés par leur âge, ou par l'absence de toute fortune, dans la classe de ceux qui, dans aucun pays, ne prennent part aux affaires.

Quel est donc le mobile qui les a rendus hostiles au pouvoir ? Qui, d'un naturel bon, humain, généreux, a fait des hommes sanguinaires et atroces? Deux détestables fléaux, deux choses incompatibles avec l'esprit de civilisation : les sociétés politiques et la licence de la presse.

Dans les sociétés politiques dont on a couvert le sol de la France, on a attaqué le pouvoir, par cela seul qu'il était pouvoir et qu'on ne l'exerçait pas. Toutes les passions étaient excitées, tous les excès justifiés, tous les personnages que l'histoire nous représente comme des monstres étaient loués et offerts comme des modèles; il n'est pas jusques à Danton, Marat, Robespierre, qui n'aient trouvé dans ces sociétés leurs adulateurs, et la convention elle-même ses prosélytes. Vous n'en serez pas surpris lorsque vous vous rappellerez que le régicide est la morale de la plupart de ces associations, et l'inégalité de la propriété le monstre qu'elles poursuivent.

Par la licence de la presse, on s'est emparé des imaginations faibles et faciles à remuer. Au pauvre, on a parlé de sa détresse, comparée à l'opulence du riche; on a vanté, je ne sais quel gouvernement idéal, qui ferait disparaître toutes les inégalités et appellerait les hommes à une condition meilleure. Aux jeunes gens, on a montré des théories, expliqué des principes que les souvenirs du collége rendaient familiers. En leur parlant de république, on les reportait à Athènes et à Rome, et l'on rendait possible, pour leurs ardentes et généreuses imaginations, tous les prodiges de ces temps merveilleux. La presse ne s'explique qu'avec dédain sur tout ce qui existe. Les institutions sont vicieuses et dégradantes pour l'humanité; les hommes à qui leur sort est confié sont inhabiles, incapables, corrompus : leur égoïsme et leurs vices ne peuvent qu'égaler leurs trahisons.

C'est ainsi qu'on est parvenu à soulever la partie la moins instruite de la classe ouvrière et cette portion de la jeunesse qui n'a pas encore assez d'expérience pour apprécier nos institutions. Les uns pouvaient-ils résister au besoin de conquérir ce nouvel état de choses où toutes les douceurs de la vie étaient permises; les autres ne devaient-ils pas se regarder comme obligés de voler à cette croisade de la liberté et de l'égalité contre des institutions tyranniques et un gouvernement corrompu?

Les hommes qui ne redoutent pas d'écrire comme le *National* (numéro du 2 juillet) « qu'ils sont de ceux qui ne se rallient point et qui ne se rallieront jamais aux principes du gouvernement, que chacun est juge des occasions dans lesquelles il doit mettre son courage au service de ses opinions. » Ces hommes ne s'arrêtent qu'après avoir adopté un plan de renversement du gouvernement.

Ils attaquent d'abord la personne du roi, qu'ils cherchent à déconsidérer par d'indécentes offenses ou de dégoûtantes images : fallut-il pour cela refaire ils ne reculeront pas.

De la personne, ils passeront à l'autorité du prince. Vainement la constitution l'aura déclaré inviolable et irresponsable, non pour le prince, mais dans l'intérêt du pays, que ce principe seul peut mettre à l'abri des révolutions ; ils diront que c'est une fiction menteuse, et, pour le prouver, ils citeront Louis-Philippe au banc des peuples, en inscrivant au-dessus de sa tête la fin tragique de Charles Ier et de Louis XVI.

Après la personne et l'autorité du roi, ils s'attaqueront à son gouvernement, qu'ils montreront incapable, inhabile, mu par les plus funestes desseins. Il ne s'agira que de l'empêcher d'étouffer nos libertés à l'intérieur, et au dehors de proclamer notre avilissement par une politique sans grandeur, sans dignité, sans patriotisme.

Quand par des calomnies qui séduisent les simples, les ignorans, les hommes intéressés aux bouleversemens, toujours nombreux dans une grande cité, et la jeunesse facile à émouvoir, à entraîner; quand par cet art abominable ils auront disposé les esprits à la haine et au mépris du gouvernement, il ne leur restera plus qu'à demander son renversement et à lever l'étendard de la révolte; ils pourront alors prononcer audacieusement ces paroles de proscription : *Plus de Bourbons*! ces cris de guerre : *Aux armes! vengeance*! cet appel à une autre forme de gouvernement, *à une république*, où la fortune et le pouvoir sèraient, suivant eux, plus également partagés.

Voilà, Messieurs, les véritables causes de nos agitations, de ces émeutes, de ces insurrections qui troublent incessamment le repos de la capitale et alarment le pays entier. Les plus coupables ne sont pas ceux qu'on a pris les armes à la main. Les écrivains qui les y ont disposés, les journalistes qui leur en ont fait, pour ainsi dire, une nécessité en s'adressant à leurs passions, tels sont les hommes qu'il faut principalement punir, parce que c'est froidement, dans leur cabinet, par calcul, qu'ils ont conçu et réalisé ces criminelles provocations.

Parmi ces écrivains, et comme les plus violens, les plus dangereux, nous ne craignons pas de désigner ceux du *National*. Ils ne déguisent ni leur haine pour le roi, ni leur aversion pour la forme de notre gouvernement, ni l'intention de prendre personnellement les armes, quand ils auront réuni assez de force pour être assurés de le renverser; leurs feuilles contiennent tous les genres de provocation et de délits que nous avons reprochés à la presse en général. Offense envers le roi, excitation à la haine et au mépris du gouvernement, provocation à le renverser et à lui substituer une forme entièrement populaire; guerre à outrance à tout ce qui existe, et conspirations permanentes jusqu'à sa destruction : telle est la doctrine de ceux qui ont pu écrire qu'ils ne se rallieront jamais au principe du gouvernement et que chacun était juge du moment où il devait mettre son courage au service de ses opinions.

Venons aux preuves de ces assertions, et voyons si elles ne sont pas complètement justifiées.

Nous commencerons par le délit d'offense envers la personne du roi.

Dans un article, inséré au numéro du 31 mai dernier, le *National*, sous le prétexte de répondre au *Journal des Débats*, établit un parallèle entre le général Lafayette et celui qu'il ne craint pas de désigner encore sous le nom de général Egalité, quoiqu'il sache bien que l'initiative de ce nom ne lui ait jamais appartenu; non seulement la préférence est toujours accordée au général Lafayette, qui, nous en sommes assuré, ne l'acceptera pas, mais il accumule contre le prince, qu'il affecte de ne pas séparer de Dumouriez, tous les genres d'inculpation.

» Avant de quitter l'armée, en 1793, Dumouriez et le général Egalité, dit » le *National*, auraient essayé d'embaucher la troupe et de l'entraîner avec » eux..... Ils auraient violé le droit des gens dans la personne des députés » de la Convention.... Ils auraient entraîné plusieurs escadrons avec eux et » les auraient conduits à l'ennemi...... Dumouriez aurait non-seulement dé- » serté pour son compte, mais tenté d'ouvrir la frontière à l'ennemi, dont il » s'était fait le complice, en lui livrant par un guet-à-pens infâme les com- » missaires de la Convention. Or, le général Egalité, ayant été associé aux » projets et aux moyens d'évasion de Dumouriez, a sa part du jugement qu'a » porté l'histoire sur la conduite de Dumouriez. »

Si nous voulions rechercher dans quel but ce parallèle a été écrit, il nous serait facile de prouver que ce n'est pas pour louer le général Lafayette. Les hommes du *National* n'ignorent pas que le général voulait de la royauté au 10 août, comme il l'a voulu au 30 juillet, comme il la veut encore, parce qu'elle convient à nos mœurs, à notre population, à notre situation géographique, et cette opinion du général leur fera toujours repousser ses principes.

C'est donc uniquement pour attenter à la considération du prince qu'ils ont pris la plume; occupés qu'ils sont de la pensée de renverser le trône de juillet, c'est au roi qu'ils s'adressent; c'est lui qu'ils cherchent à perdre dans l'esprit du peuple, en lui imputant des actions indignes du caractère français.

La vérité de l'histoire, dit-il, n'a pas servi la passion de l'écrivain, qui confond l'aide-de-camp sans autorité avec le général tout-puissant. L'histoire accuse Dumouriez d'avoir voulu à la fois se venger des jacobins et mettre des bornes à la tyrannie de la Convention, en faisant alliance avec l'étranger : la pureté du motif n'atténue pas sa faute, mais personne n'a jamais dit, et le caractère du jeune prince en rejetait la supposition, que le duc de Chartres fut d'intelligence avec lui. Non-seulement, c'est une calomnie de prétendre qu'il *embaucha* la troupe et *essaya de la conduire à l'étranger*; mais tout le monde sait que, prévenu par les décrets de la Convention, qui proscrivaient sa famille, averti par sa sœur, qui, sous la conduite de Mme de Silleri, était allée le joindre dans son camp, M. le duc de Chartres n'eut pas d'autres ressources pour fuir l'échafaud que de sortir de France. Là, au lieu de se ranger sous des bannières ennemies, il préféra aux secours de l'étranger les faibles bénéfices d'une honorable industrie exercée dans un obscur pensionnat.

Cette manière de juger le prince, en le rendant complice de la trahison de Dumouriez, constitue l'offense la plus grave qu'on puisse lui adresser; elle est d'autant plus atroce, qu'elle s'adresse au premier citoyen de France, à celui que le pays a jugé assez pur pour être le représentant de l'honneur national, et qu'elle a pour but de lui reprocher d'avoir tenté de livrer ses destinées à l'étranger, c'est-à-dire de s'être rendu coupable de trahison et d'infamie. Nous le demandons, des Français peuvent-ils tolérer un aussi sanglant outrage envers leur roi ?

Déjà un autre journal, la *Tribune*, avait essayé de reprocher le même fait au prince, mais dans des termes moins durs et moins offensans.

Elle avait dit qu'il avait déserté avec ses armes et son épée françaises. Nous l'avons poursuivie, et le jury, auquel on ne s'adresse pas vainement quand il s'agit de l'honneur du pays, l'a déclarée coupable d'offenses. Vous partagerez, Messieurs, son opinion, et vous condamnerez d'autant mieux le *National*, qu'il a ajouté à l'offense en imputant au roi d'avoir essayé d'embaucher la troupe et de l'entraîner à l'ennemi, auquel il voulait ouvrir la frontière. Imputation que des Français ne peuvent tolérer sans se déshonorer eux-mêmes.

Nous avons dit que, dans son plan d'attaque contre tout ce qui est, après avoir essayé de déconsidérer le roi en lui imputant des actions honteuses, le *National* passait à son gouvernement, qu'il cherchait à ébranler par tous les genres d'excitation à la haine et au mépris. La preuve en est écrite dans les articles qu'il publie chaque jour, et notamment dans ceux contenus aux numéros des 31 mai et 6 juin derniers.

Dans le numéro du 31 mai, il divise la France en deux intérêts, entre lesquels, suivant lui, il faudra opter : la révolution et la monarchie : comme si la monarchie n'était pas compatible avec la révolution. Ceux qui tiennent à la monarchie, ajoute-t-il, se rallieront aux partisans de la branche aînée, parce que le principe de la monarchie ne peut se passer de la légitimité : « Ceux qui tiennent plus à la révolution qu'à la monarchie, au drapeau tri- » colore qu'à l'écusson d'une dynastie, quelle qu'elle soit, passeront à la ré- » publique, parce que la république seule peut défendre la révolution, » quand toutes les variétés de l'opinion monarchique sont réunies contre » elle et s'appuient à la fois sur la chouannerie et sur l'étranger. »

Il y a dans cette partie de l'article du *National* deux imputations qui rendraient le pouvoir méprisable, si elles étaient vraies, et qui devraient le livrer à la haine et à l'animadversion publique : c'est de se rallier à la branche aînée et de préférer l'écusson d'une dynastie à l'immortel drapeau tricolore ; c'est de s'appuyer à la fois sur la chouannerie et sur l'étranger pour étouffer la révolution.

Nous ne nous abaisserons pas jusqu'à justifier le pouvoir de ces dégoûtantes calomnies. Le nom de juste-milieu, qu'il a adopté, prouve s'il fait alliance avec aucun des extrêmes, et c'est parce qu'il les surveille tous, parce qu'il sévit également contre les carlistes et les républicains, qu'il excite leur commune haine. Sa bannière est celle d'une révolution accomplie, et non d'une révolution permanente, le signe du règne des lois et non de l'arbitraire révolutionnaire ; l'écusson de la dynastie, c'est le drapeau tricolore, vainqueur de la Vendée comme de l'étranger, redouté partout, parce qu'il se suffit à lui-même, et d'autant plus respecté qu'on ne le verra se déployer que pour la justice et la cause de la civiliation.

Mais ces calomnies du journaliste, sans effet sur la classe instruite, trouvent ailleurs des dupes qu'elles séduisent, des hommes passionnés qu'elles égarent; son assurance doit même imposer, puisqu'après avoir affirmé que tous les hommes de la monarchie de juillet se sont ralliés aux carlistes, il ajoute que le juste-milieu n'est plus une situation tenable.

« Si l'on nous demande, dit-il, ce que deviendra par cette simplification » de toutes les causes de luttes intestines, l'intérêt dit du juste-milieu, nous » répondrons que le juste-milieu, n'étant plus une situation possible, ne ral- » liera pas dix personnes et redeviendra ce qu'il était avant qu'on eût es- » sayé de rajeunir la monarchie en la fondant sur des institutions républi- » caines. Ce brillant essai de révolution sans révolutionnaires, de royauté » sans royalistes, laissera pour résultat, en deux mots : *une leçon de plus et* » *quelques millions de moins.* »

Quel avilissement n'y aurait-il pas dans une semblable situation ? Un pouvoir qui ne serait plus dans une position tenable ! un gouvernement qui ne réunirait pas dix personnes ! Tout cela mériterait-il autre chose que le plus profond mépris ?

L'auteur sait bien qu'il en impose. Son obstination à attaquer le pouvoir né de la révolution prouve qu'il lui reconnaît une eertaine force : car il est trop courageux pour battre un ennemi à terre ; mais il sait aussi qu'on détruit cette force en la rendant méprisable, et c'est pour l'avilir qu'il la peint telle qu'il la voudrait.

Le gouvernement mériterait toutes ces insultes, tous ces injurieux dédains, s'il ne savait les réprimer. Il prouvera que sa position est tenable, en s'y maintenant hardiment, à l'aide de la raison et de la justice ; en dominant tous ceux qui viennent l'y attaquer ; en ne leur opposant d'autre force que celle de la loi, appliquée par le pays. Il montrera de cette manière que la monarchie est compatible avec la révolution, qu'elle peut se passer de la légitimité, telle que l'écrivain l'entend, et qu'avec l'assentiment du peuple, à qui elle s'honore de devoir sen origine, elle a le pouvoir de réprimer les audacieux qui veulent l'avilir.

Et voyez, Messieurs, jusqu'à quel point le *National* a voulu rabaisser l'autorité! Ce n'était pas assez pour lui de l'avoir montrée ruinée, délaissée, chancelante ; il veut lui porter le dernier coup, en peignant l'extrême indifférence, l'abandon et le mépris de la population pour la royauté.

« Mirabeau n'ésitait pas, écrit-il dans le même numéro du 31 mai, à l'oc-
» casion du compte rendu des députés de l'opposition : Mirabeau n'hésitait
» pas à prendre la responsabilité de cette phrase : « Nous chérissons notre
» roi ; nous bénissons le ciel du don qu'il nous a fait dans son amour: » Alors
» personne dans l'assemblée constituante n'eût osé protester publiquement
» contre les éloges que l'adresse prodiguait à Louis XVI ; personne n'eût osé
» renier Mirabeau, parlant de veiller au bonheur du monarque chéri qui,
» en aplanissant pour ses sujets la route de la félicité, méritait bien d'y
» marcher lui-même sans obstacle. Le respect de l'opinion pour la royauté
» demandait de tels ménagemens..... Nos députés patriotes n'ont même plus
» besoin de prendre les précautions de Mirabeau, parce que l'opinion les en
» dispense... Quels progrès a donc faits l'opinion depuis dix-huit mois, qu'on
» soit assuré d'y trouver sympathie pour une pièce politique émanée d'une
» réunion de députés, où il est à peine question de la royauté! »

Messieurs, les acclamations du peuple, dans la journée du 6 juin, le zèle que les habitans de Paris ont montré pour entourer et défendre cette royauté qui venait elle-même payer de sa personne le rétablissement de l'ordre, ont prouvé combien étaient menteuses les assertions du journaliste. La sympathie pour elle se montrait partout, et chacun, au grand regret du journaliste, semblait répéter les paroles de Mirabeau : « Nous ché-
» rissons notre roi ; nous bénissons le ciel du don qu'il nous a fait dans son
» amour »; parce que sans lui, au 30 juillet, nous n'aurions su où donner de la tête ; parce que sans lui, au 6 juin, nous serions arrivés par la guerre civile à l'anarchie, et, suivant l'usage, par l'anarchie à l'aristocratie ou à la tyrannie.

Mais l'amour même que nous portons au chef de notre monarchie, le besoin que nous avons, pour l'ordre, pour la paix publique, pour notre intérêt enfin, de le conserver, nous commandent de le défendre contre ceux qui s'enorgueillisent de ne pas vouloir se rallier. Le mépris qu'ils lui vouent, la haine qu'ils essaient de propager retombent sur nous, et le caractère national perdrait de sa dignité s'il ne savait le faire respecter. Punissez donc, Messieurs, ces outrages; vous ne les toléreriez pas alors qu'ils seraient dirigés contre de simples particuliers. Comment pourriez-vous les souffrir, quand ils s'adressent au pouvoir, qui n'a de force, pour vous protéger, que celle qu'il tient de la considération et de l'amour publics? Tout est réciproque entre le gouvernement et les citoyens ; il ne peut leur rendre en appui, en protection, en bonheur, que ce qu'ils lui donnent en estime, en confiance et en considération, parce que ce sont là les seules sources de sa puissance.

Jusqu'à présent nous avons tiré nos preuves du délit d'excitation à la haine et au mépris du gouvernement du numéro du 31 mai : elles vont s'étendre et se multiplier dès que nous allons prendre celui du 6 juin, écrit la veille, au moment où l'on se battait dans Paris, et où tout annonçait, pour ce jour-là, une collision effroyable. La prudence voulait que l'écrivain pesât toutes ses paroles, qu'il fît un appel à la sagesse, à la modération des partis, à l'humanité, à la paix publique : l'esprit séditieux, celui qui jurait de ne jamais se rallier, et qui ne redoutait pas d'arriver à un autre ordre de choses, à travers le sang et le pillage, devait s'adresser aux passions et profiter de leur exaltation pour tout bouleverser et tout détruire. C'est le parti qu'adopte le rédacteur du *National*.

Empruntant les paroles d'un jeune écolier, il commence par dire que le gouvernement est sali de honte et défaillant de peur. Puis, dans un autre article, racontant à sa manière les événemens du 5 juin, il rapporte que, pendant la longue marche du cortége, on entendait fréquemment les cris *vive la liberté! plus de Bourbons* ! « L'immense concours de citoyens qui ont voulu, » en suivant le convoi du général Lamrrque, prouver qu'ils condamnaient » la marche extérieure et intérieure du gouvernement, était bien assez con- » sidérable pour instruire le château et lui prouver qu'il est dans une mau- » vaise voie. L'effusion du sang est venue se joindre à ce témoignage, et » ajouter à tant de causes d'indignation une cause qui les résume et les sur- » passe toutes. Le sang des Parisiens a encore été versé une fois dans un » pur intérêt de dynastie. »

Niera-t-on qu'il y ait dans ces assertions de quoi porter à la haine, des moti.s suffisans d'inspirer le mépris? Quoi! l'on écrirait impunément que le pouvoir est sali de honte et défaillant de peur? Par quelle action s'est-il donc dégradé? par quel acte de lâcheté a-t-il pu faire croire à un sentiment qu'a toujours repoussé le caractère français? se serait-il sali de honte en tenant ses engagemens, et en écrivant sur sa bannière *franchise et loyauté*? se serait-il sali de honte en reconnaissant tous les droits, en remplissant tous ses devoirs? Et la peur! où l'aurait-il montrée? serait-ce à l'extérieur, en défendant l'indépendance de la Belgique, en jetant nos troupes à Ancône, en conservant Alger, en faisant respecter de la sainte-alliance notre révolutiou, qu'elle ne pouvait aimer : dans ces derniers temps, en appuyant publiquement cette invasion de la Péninsule, qui nous assure un allié au-delà des Pyrénées, et qui va faire fleurir la liberté la où régnaient l'inquisition et l'absolutisme. Serait-ce à l'intérieur, lorsque les factions l'ont toujours trouvé debout, et qu'après les avoir, sinon anéanties, du moins réduites à ne compter que sur un avenir éloigné qui leur échappera de jour en jour, elles n'ont plus d'autres armes à lui opposer que le mensonge et la calomnie?

Non! non! le pouvoir n'a pas d'action honteuse à se reprocher. Il a eu le courage de la raison et de la justice, qu'il ne faut pas confondre avec l'indiscrète témérité des partis: il a su prendre et exécuter la difficile résolution d'être juste envers tous, alors que tous le conviaient à l'injustice. Mais il mériterait la double insulte que le journaliste lui adresse, s'il ne s'y montrait pas sensible, si sa dignité et son honneur blessés n'en demandaient pas justice au pays.

Nous sommes aussi révoltés, Messieurs, de cette autre assertion du *National*, qu'il ne craint pas de reprocher au pouvoir le sang versé dans la soirée du 5 juin, comme s'il avait été maître d'empêcher les conjurés de se rendre en armes au convoi du général Lamarque, et de profiter de l'occasion pour surpendre la troupe et l'assassiner. Il aurait fallu sans doute que la troupe poussât plus loin sa patience, et qu'après avoir reçu cinquante coups de feu, après avoir vu tomber plusieurs de ses braves, elle temporisât encore, c'est-à-dire qu'elle refusât de se défendre. Alors sans doute l'écrivain du *National* aurait trouvé que l'occasion était venue de mettre son courage au service de ses opinions, et de donner un chef éclairé à ces bandes, qui ne comprenaient pas bien le motif du combat.

La condition du pouvoir était toute naturelle. L'ordre public était attaqué, sa mission était de le défendre. Les rebelles essayaient de faire une révolution, son devoir l'obligeait de l'empêcher; ils voulaient, par la guerre civile, changer la forme du gouvernement et lui en substituer une autre que la terreur accompagne et que précédaient les cris : *La liberté ou la mort*; l'intérêt du pays, plus que le sien, lui prescrivait de l'empêcher. Et cependant le *National* ne craint pas d'imprimer « que l'effusion du sang » (par la garde nationale et les troupes) a excité l'indignation.... et que le » sang des Parisiens a encore été versé une fois dans un pur intérêt de dy» nastie. »

Oui, il y a eu de l'indignation, et ce n'est pas pour Paris que vous avez écrit que c'était le pouvoir qui l'avait excitée. Paris a vu l'attaque, jugé les projets, condamné les misérables qui, depuis deux ans, se jouent de son repos et font verser son sang. L'indignation était à son comble, l'on répétait partout qu'il fallait en finir, et vous savez ce qu'on entendait par là. Le pouvoir fit preuve d'humanité en calmant les imaginations, et au milieu même de l'action, en parlant de justice à ceux qui ne demandaient que vengeance. Mais c'est pour les départemens que vous écriviez. Dans votre haine contre le pouvoir, vous lui imputiez les torts, les crimes de votre parti; vous espériez conserver des dupes et faire retomber sur la dynastie que vous abhorrez le sang que vous avez fait verser. C'est pour cela que vous disiez : « Le sang des Parisiens a encore été versé une fois dans un pur in» térêt de dynastie. »

C'était encore désir de calomnier, de provoquer à la haine du pouvoir, car l'écrivain du *National* est trop instruit pour ignorer que nous ne sommes plus au temps où l'on se faisait tuer dans un pur intérêt de dynastie. Les hommes, même les hommes rois, ne sont rien pour les citoyens quand ils ne représentent pas les principes et les intérêts des majorités. C'est ce qui a fait tomber Charles X, qui l'empêchera de remonter sur le trône et qui y consolidera Louis-Philippe. Charles X représentait un principe condamné par la civilisation, et des intérêts usés par le temps. Louis-Philippe représente l'ère des peuples et l'indivisibilité de leurs intérêts avec les siens. Il se peut qu'on marche encore contre des rebelles au cri de *Vive le roi*! mais à coup sûr c'est moins pour lui que pour le pays que les citoyens versent leur sang.

Au surplus, il n'est pas possible de nier la coupable intention de l'auteur de l'article : les développemens qui suivent mettent sa pensée dans tout son jour.

« Ce gouvernement, dit-il, a amené par son impéritie la guerre civile » dans l'Ouest et le Midi; par son endurcissement à soutenir son fatal sys» tème, il s'est fait une nécessité du crime; il faut qu'il étouffe dans le sang » nos patriotiques résistances; il est en guerre civile avec tout le monde; il » peut faire peut-être quelque mal encore, mais du bien il n'en fera plus; il » est en opposition avec tous les intérêts de la France, et la France veut un » gouvernement qui la défende au lieu de l'assassiner. »

Tous les genres d'outrages semblent avoir été réunis à dessein par le journaliste. L'impéritie, l'endurcissement, l'assassinat, le crime comme nécessité, voilà les qualités et les conditions du pouvoir qui pèse sur la France. Il serait sans doute puéril et surtout humiliant de justifier le gouvernement de ces dégoûtantes calomnies. En consultant ses souvenirs, on n'a pas de peine à savoir où sont les hommes qui se sont fait une nécessité du crime, qui font verser le sang pour assouvir leur ambition, qui sont en opposition avec tous les intérêts du pays, qu'ils troublent et harcellent sans cesse, et qui font assassiner la France au lieu de la défendre.

Mais il y aurait de la lâcheté à ne pas demander justice de ces outrages; ils croient les faire tolérer en les donnant pour de patriotiques résistances; c'est une nouvelle offense à la patrie qu'ils déchirent. La résistance à la loi est un crime de quelque part qu'elle vienne. Apprenez-leur, Messieurs, à ces écrivains séditieux, qu'on n'est patriote qu'en respectant l'ordre établi, qu'en se soumettant aux lois, qu'en se ralliant au pouvoir choisi et approuvé par le pays; pouvoir qu'ils ont le droit d'instruire, d'éclairer, de surveiller, mais non d'outrager ou de calomnier.

Ces outrages sont, au surplus, la conséqueuce du système que nous avons déjà signalé. Pour arriver au renversement du pouvoir, il a fallu cher cher à dépopulariser le roi, en lui contestant successivement toutes les vertus qui l'avaient fait élever sur le pavois, et en lui prêtant des actions honteuses. Du roi, on est passé à son gouvernement, contre lequel on a cherché à soulever tous les genres de mépris et à inspirer des haines implacables. L'édifice ainsi ébranlé, il ne restait qu'à lui porter le dernier coup en provoquant directement à son renversement et en proclamant d'avance celui qui devait le remplacer. C'est ce que fait le *National*, particulièrement dans les deux numéros déjà cités, des 31 et 6 juin.

Voici ce qu'on lit dans le numéro du 31 mai :

« Il y a un cri auquel s'est ralliée en juillet l'immense majorité des Fran-
» çais; c'est le cri : *Plus de jésuites* ! On ne s'avisa pas alors de dis-
» tinguer entre la branche cadette et la branche aînée. Les jésuites étaient
» la plaie de la France, et la royauté était complice des jésuites; les jésuites
» et la royauté disparurent ensemble.—Aujourd'hui les intrigues, les cons-
» pirations de la royauté jésuite, pour se relever, font le mal de la France.
» Le cri qui rallierait encore l'immense majorité nationale, c'est celui-ci :
» *Plus de Bourbons. Tant pis pour la royauté actuelle si elle a assez ménagé*
» *les Bourbons et leur parti pour leur rappeler qu'elle leur était parente.* »

Rien n'est plus clair que cette provocation. Le journaliste ne prend pas seulement la peine de déguiser sa pensée; il proclame le cri qui, suivant lui, doit rallier l'immense majorité nationale, et ce cri n'est pas, comme en juillet : *Plus de jésuites!* parce qu'il ne s'appliquerait qu'à la branche aînée, mais *plus de Bourbons!* ce qui embrasse la branche cadette aussi bien que l'aînée, et signifie que la France ne veut pas plus de l'une que de l'autre.

Dans un de ses récens numéros, le *National* explique qu'il a entendu paraphraser cette pensée de M. Dupin, que Louis-Philippe avait été élu malgré qu'il fût un Bourbon. Cette justification n'est pas admissible; c'est une mauvaise excuse d'une plus mauvaise action. Dans l'article inculpé, il n'y a pas un mot qui se rapporte à l'élection de Louis-Philippe; il est au contraire destiné à en faire cesser l'effet, en fournissant un cri de ralliement à ceux qui voulaient proclamer la république.

Aussi l'article du 6 juin vous prouve que ce cri : *Plus de Bourbons*! a été compris et bientôt relevé. En rendant compte de ce qui s'était passé au convoi du général Lamarque, le *National*, après avoir dit que les dragons avaient empêché de porter le corps au Panthéon, ajoute que « plusieurs
» coups de fusil ne tardèrent pas à répondre à la charge des dragons, et en
» démontèrent quelques-uns; les cris *aux armes*! redoublèrent; on y mê-
» lait ceux de *vive Lafayette*! *vive la liberté*! *plus de Bourbons*! Ce dernier
» cri avait retenti plusieurs fois pendant la longue marche du cortége. »

Voilà donc le *National* fournissant les cris de guerre aux rebelles dès le 31 mai ; il imprime que le cri qui rallierait l'immense majorité serait celui-ci : *Plus de Bourbons* ! et le 5 juin les conjurés répétaient : *Plus de Bourbons* ! C'est à ce cri qu'ils tirent sur la garde nationale et sur la troupe de ligne ; c'est à ce cri qu'ils font des barricades ; c'est à ce cri qu'ils soutiennent un siége dans le cloître Saint-Méry. La provocation est donc évidente ; et la preuve qu'elle a été comprise par ceux à qui elle était adressée, comme par nous, c'est qu'ils l'ont immédiatement réalisée. Pouvait-elle ne pas leur inspirer de la confiance, lorsqu'on leur disait qu'elle rallierait l'immense majorité des citoyens, comme en juillet le cri *plus de jésuites* ! avait réuni toute la nation?

Mais poursuivons la lecture de cet article du 6 juin, destiné uniquement à encourager les rebelles. Déjà j'ai appelé votre attention sur le passage où, pour exciter à la haine et au mépris du gouvernement, l'auteur rapportait que « l'immense concours des citoyens qui suivaient le convoi était bien as-» sez considérable pour instruire le château, et que l'effusion de sang était » venue se joindre à ce témoignage, et ajouter à tant de causes d'indigna-» tion une cause qui les résume et les surpasse toutes. ».

Puis il ajoute : « Le sang des Parisiens a encore été versé une fois dans un » pur intérêt de dynastie, et le sang versé crie vengeance ; la population de » Paris veut une satisfaction et l'obtiendra, si la modération et l'esprit de » conduite viennent se joindre à l'énergie et en assurer les fruits. »

Est-ce là une provocation bien nette, bien formelle ? ce sang qui n'a été versé qu'en désespoir de cause, après une longanimité sans exemple, pour la légitime défense, pour arrêter le sang innocent versé par des mains parricides, ce sang crierait vengeance ! Et contre qui, grand Dieu ! L'écrivain ne le dissimule pas : contre la dynastie, contre ces bourgeois, ces pères de famille qui ne sont sortis de chez eux que pour rétablir l'ordre, sans lequel il n'y a pas de véritable liberté. Et dans quel moment le *National* invoque-t-il vengeance ? quand écrit-il ces lignes de sang et de carnage ? pendant la nuit du 5 au 6 juin, lorsque le canon grondait, que la fusillade croisée des rebelles et des citoyens, des ennemis du repos public et de la garde nationale, portait l'épouvante et la mort au milieu des familles!

Oserait-il affirmer, M. Paulin, que ses excitations, ses encouragemens, ses provocations, ne soutinrent pas l'énergie des conjurés pendant la journée du 6, et qu'elles ne servirent pas à entretenir leur criminelle persévérance? Il faisait tout pour cela. En les encourageant à la vengeance, il excusait et légitimait leur rebellion à leurs propres yeux ; en leur promettant le succès, en affirmant que la population voulait une satisfaction et l'obtiendrait, en ne la faisant dépendre que de leur propre énergie, il flattait leurs espérances, donnait de la confiance et empêchait qu'ils déposassent les armes. Il faisait plus encore : pour les animer et soutenir leur courage, il affaiblissait les forces qui leur étaient opposées ; bientôt ils ne devaient plus rencontrer aucun obstacle.

« La troupe de ligne, dit-il, reçoit des ordres et y obéit à contre-cœur, » nous en sommes persuadés ; la portion de la garde nationale qui prend les » armes et répond à l'appel obéit à un sentiment d'ordre et de conservation, » et ne fait pas acte d'adhésion au système infâme qui nous livre à l'étran-» ger par d'indignes concessions, et au carlisme par la guerre civile..... La » garde nationale ne peut se rallier à une faction, quelle qu'elle soit. »

Dans sa prévoyance homicide, le journaliste calcule toutes les chances et retient les rebelles par une dernière considération. C'est aux journées de juillet qu'il l'emprunte. Déjà il avait voulu assimiler la révolte de juin à la gloire de juillet, en disant que « tous les préliminaires des mémorables jour» nées de juillet étaient reproduits avec une fidélité remarquable. » Il ajoute que, comme à cette époque, les députés et l'administration municipale ne peuvent pas manquer d'intervenir en faveur de la révolte.

Voici ses propres paroles, numéro du 6 juin :

« Il est impossible que les chefs de nos douze légions, que les maires de » nos douze arrondissemens municipaux, que les députés présens à Paris, » et qui récemment ont appelé au pays des sentences rendues par l'ignoble » politique du juste-milieu contre l'honneur et la sécurité de la France, il » est impossible enfin que les uns et les autres, magistrats, députés, gardes » nationaux, se croient fidèles à leurs sermens envers le pays, s'ils n'in» terviennent pas de la manière la plus satisfaisante entre la population » qu'on menace d'égorger et un gouvernement qui veut forcer les soldats à » égorger la population. »

Il serait difficile de mettre plus d'art dans une provocation et d'en calculer plus froidement tous les ressorts.

L'écrivain légitime d'abord la prise d'armes : c'est une vengeance à poursuivre d'un sang criminellement versé, dans un pur intérêt de dynastie. Le pays la demande, cette vengeance : il veut une satisfaction ; il l'obtiendra. Pour augmenter la confiance des assaillans, de ces patriotes dont le *Nationale* déclare partager la trop juste indignation ; pour encourager leur persévérance, il convient d'affaiblir l'ennemi, de le montrer incertain, hésitant, et en définitive résolu à ne pas appuyer l'ignoble politique du juste-milieu. Aussitôt la troupe de ligne agit à contre cœur, la garde nationale obéit à un sentiment d'ordre et refusera de se rallier à une faction. Cependant, la résistance de l'autorité peut lasser les rebelles, et sa contenance les effrayer. Qu'ils se rassurent, les magistrats, les députés interviendront et, condamnant la coupable résistance du pouvoir, les proclameront comme en juillet les sauveurs de la patrie.

Voilà, Messieurs, par quelles coupables provocations, par quelles criminelles assurances le *National* appelait la guerre civile. Il ne fut que trop entendu. Les insurgés continuèrent le 6 juin ce qu'ils avaient audacieusement commencé la veille ; ils se battirent toute la journée, et la garde nationale, toujours intrépide, montra dans cette guerre de rues, la plus difficile, la plus meurtrière, celle qui exige le plus de sang-froid et de valeur, ce que le pays peut en attendre chaque fois qu'elle aura à défendre l'ordre public, son honneur ou son indépendance.

Les mêmes provocations à la guerre civile et au renversement du gouvernement se trouvent peut-être plus énergiquement dans le discours d'un prétendu représentant des écoles, publié dans le même numéro du *National* du 6 juin.

Déjà nous avons fait remarquer ces dégoûtantes injures de *gouvernement sali de honte et défaillant de peur*.

Vous aurez fait attention à ce serment renouvelé de la terreur, et bien digne d'être reproduit en présence du bonnet rouge : *La liberté ou la mort* ! Il ne vous aura pas échappé non plus cet éloge des braves de l'école polytechnique, qui venaient de fouler la tyrannie en violant leur consigne, pour rendre les derniers devoirs à des restes illustres. L'orateur continue en ces termes :

« Vous, citoyens, défenseurs de la liberté et de la gloire nationale ; vous, » braves de l'école Polytechnique, qui avez foulé la tyrannie pour rendre les

» derniers devoirs à ces restes illustres, comptez sur nous comme nous comp-
» tons sur vous. De droit ou de force, conquérons les institutions républicai-
» nes, perfidement promises et lâchement refusées. Fidèles à notre devise,
» union et fraternité, donez-nous le signal et nous ne serons pas sourds à
» votre appel. L'an 1832 aura son juillet aussi. »

Et ces paroles étaient à peine prononcées que le signal était donné ; que les rebelles faisaient inopinément briller leurs armes et s'en servaient contre la troupe inoffensive, aux cris donnés par le *National : Plus de Bourbons ! vive la république ! la liberté ou la mort* !

Dès cet instant, la guerre fut commencée, et Paris consterné dut se préparer, pour le lendemain, à triompher de la sédition par les armes, ou à passer sous le despotisme de la république en fureur, oui, de la république en fureur : c'est le *National* lui-même qui le dit. Voici ses paroles :

« La révolution ne peut pas reculer, et dans le parti de la révolution il y
» a beaucoup de gens assez malheureux pour craindre moins l'*horrible* que
» le ridicule. Si vous tentez leur modération, si vous la traitez de pusilla-
» nimité, si vous avez la folie de les vouloir faire ridicules, parce qu'ils se-
» ront calmes, prenez garde ; vous pouvez chatouiller dangereusement pour
» vous leur amour-propre, et ils auront, peut-être à vos dépens, la *faiblesse*
» *de mieux aimer encourir l'odieux que le ridicule.* Beaucoup de gens en
» France sont ainsi faits. On aime mieux faire trembler que rire ses enne-
» mis ; et tel peut espérer tuer de ses railleries la république débonnaire,
» qui pourrait être rudement châtié par la république en fureur. »

Voilà le gouvernement que la faction voulait avoir de droit ou de force, celui pour lequel elle attendait le signal des combats, celui que devait inaugurer un autre soleil de juillet. Paris ne s'y est pas trompé : au prix de son sang il a repoussé la république débonnaire, crainte de la république en fureur. Un gouvernement qui peut répondre à des railleries par l'échafaud ne séduira jamais personne.

Mais la victoire, restée à l'ordre et à la seule forme de gouvernement qui puisse donner la tolérance avec la liberté, ne dispense pas de faire justice des provocateurs. C'est à ce prix qu'elle s'est montrée humaine. Combattant pour la loi, elle a dû lui céder sa place, au moment où la force n'était plus indispensable.

Ici, Messieurs, votre tâche et la nôtre s'agrandit. Ce n'est pas un simple délit de la presse que nous avons, nous à poursuivre, vous à reconnaître : c'est un crime d'état à punir.

D'après nos lois, la provocation à un crime, suivie d'effet, constitue une véritable complicité de la part du provocateur. Il a pris part au crime, il en a donné l'idée, sans lui il n'eût pas été commis. C'en est assez pour appliquer la même peine qu'à l'auteur principal.

Telle est l'accusation pour laquelle la cour royale a renvoyé devant vous le gérant du *National*. Non-seulement la cour a trouvé qu'il avait provoqué, par ses articles des 31 mai et 6 juin, au renversement du gouvernement, mais que ces provocations avaient été suivies d'effet.

La provocation est déjà prouvée ; il ne nous reste qu'à montrer ses effets.

Le premier acte reproché au *National*, c'est d'avoir, dans le numéro du 31 mai, présenté comme cri de ralliement un de ces mots qui provoquent à l'expulsion de la famille régnante et au renversement du gouvernement. Le 5 juin, les rebelles répétaient : *Plus de Bourbons* ! *aux armes !*

Le 6, lorsque l'insurrection avait éclaté dès la veille, et qu'il était du devoir de tout bon citoyen de l'étouffer, le *National demande vengeance*, et affirme que les conjurés *l'obtiendront* s'ils savent joindre l'esprit de conduite *à l'énergie*. Le même jour, les rebelles, dociles à ce commandement insensé, font une guerre d'extermination, et forcent, par leur aveugle énergie, les citoyens à les poursuivre de maisons en maisons.

Dans le même numéro du 6 juin, le *National* professe cette maxime subversive, qu'il faut conquérir les institutions républicaines de *droit ou de force*, et à l'instant la force brutale et la guerre civile viennent appuyer les cris de *vive la république* ! *la liberté ou la mort* !

Le *National* demande le *signal* des combats, promettant que les républicains ne seront pas sourds à l'appel, et aussitôt le signal est donné, et la force publique, traîtreusement assaillie par les armes que les rebelles tenaient soigneusement cachées sous leurs vêtemens, paie de la vie de ses enfans la confiance qu'elle avait apportée dans toute cette cérémonie.

Jamais provocation ne fut si bien et si vite entendue, jamais le feu d'un corps d'armée ne suivit de plus près le commandement de son général.

La cour royale a donc eu raison de dire que la provocation avait été suivie d'effets.

On objectera, toutefois, qu'il ne s'agit que d'un *délit* de la presse, et que c'est de la cruauté, de la barbarie, de chercher à le faire punir d'une peine capitale.

Si le *National* avait excité à tuer un homme, et que cet homme eût été assassiné, serait-ce bien d'un délit qu'il faudrait l'accuser ?

Et, quant à la peine capitale, le *National* feindrait inutilement de la redouter.

Les circonstances atténuantes, humainement imaginées par la loi pour purger les peines de ce qu'elles ont de trop sévère, offrent un moyen que nous serons les premiers à vous signaler. M. Paulin n'est que le gérant du journal : il est possible qu'il ne soit pas l'auteur de tous les articles provoteurs. Ses passions politiques peuvent l'avoir aveuglé sur les sanglantes conséquences de ces publications. Son crime, qui peut être l'effet d'un mauvais sentiment, peut aussi provenir d'un patriotisme exalté.

Toutes ces considérations, impuissantes pour l'excuser, méritent cependant d'être pesées pour l'application de la peine, et voilà pourquoi nous vous dirons qu'après avoir reconnu que Paulin s'est rendu coupable de provocation au renversement du gouvernement, que sa provocation a été suivie d'effet, vous devez ajouter qu'il existe en sa faveur des circonstances atténuantes. (Rires dans l'auditoire.)

Mais, sous le mérite de cette explication, vous ne pouvez pas vous dispenser de reconnaître son crime. Déjà quelques instrumens aveugles des épouvantables désordres de juin ont reçu, dans cette enceinte, la peine due à leur rébellion. Que ne devez-vous pas à ceux qui leur ont mis les armes à la main, qui se sont adressés à leur ignorance, à leurs passions, et qui, en leur montrant sans cesse le pouvoir avili, injuste, assassin, leur ont fait une loi de l'attaquer ! Voilà, Messieurs, les véritables auteurs de la guerre civile, voilà les hommes qu'il faut punir, parce qu'ils ont prévu, demandé, préparé la guerre civile et qu'ils y ont seuls poussé les hommes ignorans et crédules dont ils se sont rendus les maîtres. Avec moins de courage qu'eux, ils sont entrés plus avant dans le crime ; ils n'ont pas tué, mais ils ont fait tuer.

Dans toutes les émeutes, au milieu de toutes les insurrections, vous ne trouvez que des hommes sans consistance, sans moyens, des jeunes gens à imagination exaltée, mis en mouvement par des sentimens généreux dans leur principe, mais dont ils n'avaient pas encore la prudence de peser les conséquences. Les véritables auteurs se tiennent derrière le rideau : moins courageux que leurs instrumens, ils observent, attendent, et jugent du moment où, sans danger, ils pourront mettre leur courage au service de leurs opinions. Tout est profit dans ce calcul ; ils ont l'avantage des révolutions et n'en courent pas les chances.

Il faut, Messieurs, que cela change. Si voulez avoir la paix et le repos intérieurs, atteignez les chefs, frappez les provocateurs : commencez par le gérant du *National*, qui est devenu le centre de tout le mouvement républicain, et vous aurez rendu au pays un immense service.

A côté de Paulin, les arrêts de la cour ont placé l'imprimeur du *National*, le sieur Hingray.

Sa décision a soulevé tous les organes de la presse, qui y ont vu une mesure oppressive et comme une espèce de censure préalable, d'autant plus à redouter qu'elle serait exercée par un homme intéressé, craignant toujours, pour quelque légère rétribution, de compromettre sa responsabilité.

Commençons par réduire à leur juste valeur ces plaintes exagérées.

La loi dispose que l'imprimeur pourra être poursuivi lorsqu'il sera complice de l'écrivain. Voici son texte :

« Les imprimeurs d'écrits dont les auteurs seraient mis en jugement, en vertu de la présente loi, et qui auraient rempli les obligations prescrites par le titre 2 de la loi du 31 octobre 1814, ne pourront être recherchés pour le simple fait d'impression de ces écrits, à moins qu'ils n'aient agi sciemment, ainsi qu'il est dit à l'article 60 du Code pénal, qui définit la complicité. (Article 24 de la loi du 17 mai 1819.) »

La loi a fait pour l'imprimeur, comme pour le fabricant d'armes, comme pour le marchand de substances vénéneuses ou malfaisantes. Si l'armurier vend un fusil, le droguiste du poison, sachant qu'ils sont destinés à commettre un crime, ils seront complices et devront être poursuivis avec l'assassin et l'empoisonneur. Il en est, et il en doit être de même de l'imprimeur, quand il a connu l'esprit, quand il l'a jugé, et que sciemment il n'a pas reculé devans ses désastreuses conséquences. Ayant fourni le moyen de commettre le crime, sachant qu'il devait y servir, il s'est fait complice de l'auteur. La seule chose qu'on puisse exiger, c'est la preuve évidente de la coopération morale de l'imprimeur. On ne lui dit pas : Vous devez connaître, vous devez juger avant d'imprimer ; mais on le punit si, ayant connu et jugé la culpabilité de l'écrit, il ne s'en est pas moins décidé à l'imprimer.

Donnons un exemple pour mieux faire comprendre notre pensée.

Un écrivain publie, par livraisons, un ouvrage destiné à attaquer la propriété et à exciter la classe pauvre contre la classe aisée, par la comparaison de ses souffrandces avec les jouissances de celle-ci. Il ne recule devant aucun moyen d'atteindre son but. Fallût-il encore passer par l'infâme terreur, il n'hésite pas à la conseiller, d'autant mieux qu'il ne leur impute d'autre faute que d'avoir été trop modérée. Suivant lui, Robespierre ne succomba que parce qu'il ne poussa pas jusqu'au bout les conséquences de sa politique populaire.

La première livraison de cet écrit est saisie et condamnée : c'était un avertissement pour l'imprimeur ; la seconde éprouve le même sort, et les livraisons subséquentes, composées dans la prison par un homme qui n'a plus grand'chose à redouter de la justice, sont adressées à l'imprimeur, qui ne balance pas à prêter encore ses presses.

Serait-il possible, dans ce cas, de soutenir que l'imprimeur est exempt de faute? Ce serait admettre qu'un homme qui, comme l'auteur de cet écrit, ne possède aucune fortune, et est déjà frappé de quelques années de prison, peut écrire et publier ce qu'il veut, et de sa prison bouleverser encore la société.

Nous ne l'avons pas pensé, Messieurs : nous avons poursuivi l'imprimeur, et le jury a approuvé nos poursuites en le déclarant coupable du délit de complicité.

Tout se réduit donc, en cette matière, à la preuve de la complicité de l'imprimeur; et la loi n'a rien exagéré, elle n'a pas rétabli de censure lorsqu'elle a dit que « l'imprimeur ne pourra être recherché s'il n'a agi sciemment. » Les imprimeurs ne doivent pas demander de privilége. Ils n'ont rien à dire lorsqu'ils sont laissés dans le droit commun.

Faisons l'application de ces principes au sieur Hingray, imprimeur du *National*.

Dès l'abord, nous conviendrons que bien rarement l'imprimeur d'un journal peut être soupçonné d'avoir agi sciemment et de complicité avec le gérant ou l'écrivain qui lui a prêté sa plume. Les journaux s'impriment avec tant de rapidité, le manuscrit et l'épreuve même restent si peu de temps entre les mains de l'imprimeur, qu'à moins d'une évidence que nous avons de la peine à concevoir, l'imprimeur ne peut pas être soupçonné d'avoir sciemment prêté ses presses pour commettre un délit ou un crime.

Cette difficulté, jointe à l'absence de toute preuve spéciale, relative au sieur Hingray, nous avait déterminé, devant la chambre d'accusation, à requérir un non-lieu à son égard. La cour en a pensé autrement, et, contre nos conclusions, elle a prononcé sa mise en accusation.

Il ne nous appartient pas sans doute de déserter la poursuite; nous ne pouvons pas mettre en balance notre opinion personnelle avec un arrêt de la cour que notre devoir est de défendre et de soutenir; mais d'un autre côté la conscience, qui est notre première loi, ne nous permet pas de faire valoir une opinion qui n'est pas la nôtre, et de demander une condamnation que nous ne prononcerions pas nous-même. Dans une pareille situation, nous ne pouvons que nous remettre à la sagesse et à la justice éclairée du jury.

Messieurs, depuis un siècle, peut-être, depuis la découverte de l'imprimerie, la presse, féconde en bien et en mal, comme toutes les inventions humaines, lutte contre ses propres excès : son triomphe, retardé par elle-même, avait été la conquête de l'immortelle révolution de 89. Dominée par la tyrannie de la Convention, proscrite par le despotisme impérial, la presse sembla un instant renaître au moment même de nos désastres ; mais cette régénération humiliante devait lui porter malheur : les princes qui la lui accordaient comme une faveur et une concession n'étaient pas de taille à la comprendre ou à lui résister; et voilà pourquoi ils se réservèrent dans leur charte un moyen de l'enchaîner; plusieurs fois ils en usèrent en la soumettant à la censure ; mais à chaque intervalle de liberté, quelque court qu'il fût, la presse marcha à pas de géant à son entière indépendance; elle la conquit enfin aux belles journées de juillet : les tentatives faites pour la lui ôter l'en investirent à toujours.

C'est donc une chose reconnue désormais que l'indépendance absolue de la presse. Plus de regards en arrière pour y chercher des obstacles. La censure ne pourra plus être rétablie, a dit notre pacte fondamental.

Voilà donc une nouvelle puissance qui aspire à gouverner le monde. Les princes s'uniraient en vain pour en arrêter les progrès. La lutte entre elle et eux ne serait pas égale. La presse pourrait les renverser, convier les peuples à des révolutions nouvelles. Les princes ne pourraient que précipiter ses excès en cherchant à limiter son exercice.

Telle est au moins notre position en France. Il faut en prendre son parti. Quels que soient la licence et les excès de la presse, on ne doit pas en chercher le remède dans sa suppression ; nous n'en avons pas le droit, nous n'en avons pas la puissance : ce serait une révolution nouvelle que de le tenter. Il ne faut donc pas dire, comme certaines gens, que l'on ne gouvernera jamais avec la presse. Il faut, au contraire, avouer qu'on ne peut désormais gouverner qu'avec elle et par elle. C'est difficile, sans doute, c'est souvent décourageant. Les excès révoltent, mais c'est une décessité du degré de civilisation que nous avons atteint.

Le contrepoids, le remède sont dans des lois répressives et des hommes qui veuillent et surtout qui aient le courage de les faire exécuter.

Les lois, nous les avons; elles sont assez sévères; il n'est nul besoin d'en demander d'autres : la preuve, c'est que dans aucun cas, quelque graves qu'ils se soient présentés, les peines n'ont jamais été portées à leur maximum.

Mais ce sont les hommes qui manquent aux lois. Dans le monde, il n'est pas rare de rencontrer des citoyens qui s'indignent contre la presse, qui en blâment les excès, qui lui imputent nos discordes, qui accusent la faiblesse du jury, la modération des juges : c'est un concert unanime contre les uns et les autres.

Mettez ces hommes à votre place, faites-les monter sur les siéges des magistrats, chargez-les de proclamer le délit ou le crime des factieux, et de leur appliquer la peine, vous trouverez le même laisser-aller, la même indulgence, cette mansuétude, cette timidité, qui compromettent la société et la laissent démolir pièce à pièce.

Quelle est donc la raison de ce fatal changement? l'égoïsme, l'individualisme et la peur. Jamais on n'a autant parlé de patriotisme que dans ce siècle, et jamais il n'y en a moins eu. Chacun se replie sur lui-même; il s'isole, il cherche, comme on dit, à ne pas se compromettre, à ne pas rattacher son nom à des événemens publics; et les factions, qui connaissent ces pusillanimes dispositions, les agravent par les menaces et la peur qu'elles cherchent à inspirer. Voyez avec quels soins elles impriment les noms et la demeure de chacun de ceux qui doivent les juger. Croyez-vous que ce soit pour les louer, ou pour les faire trembler? L'expédient réussit, et notre pauvre société, attaquée dans tous les sens, déchirée par tous les excès, nulle part soutenue comme il le faudrait, ne pourra plus bientôt conserver une forme quelconque de gouvernement, car la presse les attaquera et les démolira successivement toutes.

Puisque le remède est dans la fermeté des hommes, et que de là dépend le salut du pays, il sera beau pour vous, Messieurs, d'en donner l'exemple.

Jusqu'à présent on a pu dire, avec vérité, que les honnêtes gens manquaient d'énergie, et toute notre révolution de 93 est là pour l'attester. S'ils avaient eu autant de courage que de probité, que d'humanité, l'échafaud ne fût pas resté en permanence sur nos places publiques, pendant plus d'une année.

Que l'expérience vous profite! Osez regarder les factieux en face, et ils rentreront dans le néant; et désormais, à l'abri des révolutions, vous aurez le bonheur de vivre sous un gouvernement dirigé par votre sagesse et votre intérêt.

Ne craignez pas de proclamer la liberté de la presse : publiez qu'on peut écrire aussi librement que penser ; mais comme l'abus est mortel pour les individus aussi bien que pour les sociétés, frappez-le fortement, afin d'empêcher la licence : c'est là la seule mesure préventive que, dans notre état de civilisation, il vous soit permis d'adopter.

Commencez aujourd'hui, Messieurs, l'occasion est décisive. La licence est portée à son dernier terme : le roi a été gravement offensé, son autorité contestée, son irresponsabilité mise en question. [Son gouvernement est voué au mépris et à la haine ; toutes les passions sont déchaînées contre l'ordre social, et la guerre civile elle-même a été proclamée et bientôt commencée ; l'écrivain du *National* en a donné le signal en criant : *Plus de Bourbons ! vengeance ! la liberté ou la mort !* Et la mort a désolé la cité ; et la vengeance, décorée du bonnet rouge, a immolé à ses fureurs les plus courageux citoyens. Leurs familles demandent justice, moins peut-être de ceux qui levèrent l'étendard de la révolte que de celui qui les arma contre la paix publique Vous ne la leur refuserez pas, Messieurs, cette justice ; et, en la leur accordant, vous servirez encore la patrie et vous-mêmes, puisque vous préserverez l'avenir d'un aussi épouvantable fléau.

Après le discours de M. Persil, l'audience est interrompue pendant quelques minutes.

M. LE PRESIDENT donne la parole à Me Comte, l'un des défenseurs de M. Paulin.

Me CHARLES COMTE : Messieurs les jurés, M. le procureur-général a commencé par indiquer les maux qui désolent la société ; il en a cherché les causes et en a trouvé deux : les sociétés populaires et la liberté de la presse.

M. PERSIL : Les excès de la presse.

Me COMTE : Les excès de la presse, soit; je ne suis ici ni pour défendre les sociétés populaires ni pour justifier les excès de la presse ; c'est le *National* que j'ai à défendre. Après avoir montré la société désolée et menacée, M. le procureur-général s'est livré à l'examen de l'esprit du *National* ; dans cette partie de son réquisitoire, il m'a paru renouveler les procès de tendance. Avant d'arriver aux articles incriminés, il a recherché quelle était la direction habituelle de la feuille qui a publié ces articles ; il a dit que le *National* était coupable *tous les jours* ; que les écrivains du *National* étaient dans une conspiration permanente contre l'ordre de choses établi.

Si cette allégation du ministère public est vraie, j'ai le droit de m'étonner d'une chose, c'est qu'étant coupable tous les jours, le *National* ne soit pas poursuivi tous les jours : si l'allégation du ministère public est vraie, les membres du parquet ne font pas leur devoir ; si elle est fausse, elle figure mal en tête d'une action qui doit avoir pour résultat, dans l'intention du ministère public, une condamnation capitale.

Mais j'écarte ces généralités, et j'arrive aux faits de l'accusation.

Vous êtes appelés à prononcer sur l'accusation la plus grave qui ait été portée contre l'auteur ou l'éditeur d'un écrit, depuis que nous jouissons du droit de publier nos opinions; jamais, avant ce jour, un écrivain n'avait été placé sous le poids d'une accusation capitale, pour avoir publiquement manifesté ses pensées.

Le ministère public accuse l'éditeur et l'imprimeur du *National* d'avoir amené, par leurs provocations, les attentats des 5 et 6 juin, et de s'en être ainsi rendus complices ; il les accuse, de plus, d'avoir excité les citoyens au mépris et à la haine du gouvernement, et de s'être rendus coupables d'offense envers la personne du roi.

En cumulant ainsi des accusations auxquelles les lois attachent des peines qui s'excluent les unes les autres, le ministère public a rendu la défense plus difficile. Obligés de repousser l'accusation la plus grave qui puisse être portée contre une personne, nous sera-t-il possible, en effet, de donner une attention suffisante à des inculpations qui ne peuvent entraîner que des peines correctionnelles ?

Il nous sera facile, du moins je m'en flatte, de démontrer que les accusations auxquelles nous venons répondre n'ont aucun fondement solide; qu'il n'existe aucune connexion entre les articles qui servent de base à la poursuite, et les attentats qu'on voudrait y rattacher; et que, si l'auteur de ces articles s'est servi d'expressions sévères, dures, peu mesurées peut-être, il n'a commis ni les crimes ni les délits qui sont l'objet du procès.

Aucun de vous, Messieurs, ne nous fera l'injure de croire qu'en nous chargeant de combattre les accusations que vous allez juger, nous venons ici faire l'apologie des violences qui ont porté le trouble et le deuil dans la capitale. Nous repoussons tous, de toute notre puissance, la solidarité que le ministère public voudrait établir entre l'auteur ou l'éditeur des articles incriminés, et les attentats auxquels on veut les rattacher. La violence, le mépris des lois, compromettent toujours la cause au profit de laquelle on prétend les faire servir. En les appelant au secours de la liberté, on retarde l'établissement des institutions dont on a besoin, et l'on compromet l'existence de celles qu'on possède. Pendant seize ans, sous le dernier gouvernement, j'ai professé ces maximes, et les troubles dont nous avons été les témoins et les victimes sont loin d'avoir ébranlé ma croyance.

Ainsi, nous n'avons pas à examiner si la provocation au désordre est ou n'est pas justifiable; si l'excitation à la haine de l'autorité publique peut ou ne peut pas être excusée; sur aucun de ces points, il ne saurait y avoir divergence d'opinions entre le ministère public et nous. L'unique question que nous ayons à examiner consiste donc à savoir si, en autorisant l'insertion, dans le *National*, des articles qui sont la base de l'accusation, M. Paulin a commis les délits qui lui sont imputés.

Vous savez, Messieurs, que le gérant d'un journal ne compose pas tous les articles qu'il publie et dont il porte la responsabilité. Obligé d'admettre ceux que lui présentent ses collaborateurs, il les juge nécessairement d'une manière fort rapide. Il ne peut pas, comme un officier du parquet, éplucher les phrases et les mots, pour voir s'il n'y aurait pas, sous le sens naturel et apparent, quelque sens caché qui pourrait blesser la susceptibilité des hommes investis du pouvoir. Il les examine avec la droiture et la bonne foi que vous portez vous-mêmes dans vos jugemens.

Un journal est toujours écrit sous l'impression des faits et des circonstances au milieu desquels les écrivains se trouvent placés. Pour en bien juger le sens et la portée il faut s'environner, par la pensée, des mêmes circonstances et des mêmes faits; il faut, autant qu'on le peut, se placer dans la position où l'on se trouvait au moment où le journal a paru. Si, dans ce moment, l'écrit qui donne lieu à la poursuite ne renfermait rien de répréhensible, l'auteur ni l'éditeur ne sont punissables. Les événemens qui sont survenus plus tard sont étrangers au procès et ne sauraient influer sur le sort des accusés.

Deux numéros du *National* ont été saisis et servent de fondement au procès que vous avez à juger. L'un, publié le matin du 31 mai, a été écrit dans la journée ou dans la soirée du 30. L'autre, publié le matin du 6 juin, a été écrit dans la nuit qui a précédé, au milieu des troubles et des douloureuses émotions de la guerre civile.

Quelles sont, Messieurs, les accusations qu'on fait résulter de chacune de ces deux feuilles? Suivant le ministère public, le gérant du *National*, en publiant celle du 31 mai, s'est rendu coupable 1° *d'une provocation suivie d'effet à un attentat dont le but était de détruire ou de changer la forme du gouvernement*; 2° *d'une offense à la personne du roi*.

Le délit d'offense, suivant le ministère public, résulte d'un article dans lequel l'auteur défend le général Lafayette d'un reproche que lui avait adressé le *Journal des Débats*. Je ne veux m'occuper dans ce moment que de l'accusation la plus grave, de la provocation suivie d'effet, ayant pour but de changer, par un attentat, la forme du gouvernement.

Pour constituer le crime tel que l'acte d'accusation le présente, quatre conditions sont nécessaires: 1° qu'il y ait eu, de la part du gérant du *National*, une provocation; 2° que cette provocation ait eu pour but de détruire ou de changer la forme du gouvernement; 3° qu'elle ait eu pour moyen un attentat; 4° enfin qu'elle ait été suivie d'effet.

Il ne faut, Messieurs, pour vous convaincre qu'aucune de ces conditions ne se rencontre dans la cause que vous avez à juger, que deux choses: il suffit de vous reporter au temps où les articles incriminés ont été écrits, et de les lire ensuite sans prévention.

Vous n'avez pas oublié, Messieurs, quelles furent, pendant la dernière session, les plaintes continuelles des députés de l'Ouest et du Midi; ils affirmaient que, dans leurs départemens, toutes les administrations étaient remplies de partisans de la dynastie déchue; que la chouannerie était organisée et prête à prendre les armes; que des chefs de chouans connus par leurs forfaits parcouraient librement le pays; que, par l'abus de pouvoir le plus inexplicable, les agens supérieurs du gouvernement leur donnaient des saufs-conduits contre les mandats de la justice, et que le pouvoir judiciaire, dont le caractère distinctif est l'indépendance, se trouvait ainsi suspendu; que non-seulement les chefs de la chouannerie que leurs forfaits avaient rendus célèbres étaient mis à l'abri des poursuites de la justice, mais qu'ils recevaient du gouvernement né de la révolution de juillet les pensions que la restauration leur avait faites.

Comment les ministres et leurs amis répondaient-ils à ces plaintes? par des plaisanteries et quelquefois par des sarcasmes. Un ministre, le même qui, dans les premiers jours de 1815, jetait à pleines mains les rubans et les pensions aux chefs de la chouannerie, disait naïvement qu'il ne savait pas à quels signes on pouvait reconnaître un carliste; il suppliait les députés qui se plaignaient de lui faire connaître ces signes.

On était divisé sur les affaires étrangères comme sur les affaires intérieures; les adversaires du ministère affirmaient que la France était menacée par une troisième coalition; qu'après avoir subjugué la Pologne et l'Italie, on arriverait à l'Allemagne et à la Suisse, et que la France se trouverait sans alliés, environnée par toutes les armées de l'Europe.

Les ministres et leurs amis répondaient que ces craintes étaient chimériques; que les anciens membres de la sainte-alliance n'étaient animés contre nous d'aucun sentiment d'hostilité; qu'ils avaient déjà fait à notre révolution des concessions immenses, et que, pour nous prouver leur amitié, ils n'avaient pas voulu permettre à Mme la duchesse de Berry de s'approcher de nos frontières.

Tandis qu'une partie considérable de la nation française était ainsi agitée de la double crainte de l'insurrection carliste et de l'invasion, et que le gouvernement vivait plongé dans un état de parfaite quiétude, on nous annonça que le drapeau blanc venait d'être arboré à Marseille ; que la duchesse de Berry était débarquée dans un de nos ports, sous le pavillon de notre ami le roi de Sardaigne ; qu'elle venait de rallier autour d'elle les amis de sa famille et tenter de placer son fils sur le trône.

Quelles furent les mesures que prit le gouvernement pour punir un attentat que la population avait déjoué sans son appui ? Fit-il traduire en justice les principaux coupables ? Il y avait ici quelque chose de pire qu'une provocation au renversement du gouvernement ; il y avait un véritable complot, et les coupables étaient pris en flagrant délit. Une dépêche télégraphique fut à l'instant expédiée, pour faire conduire poliment, aux frais de l'état ; le principal auteur du complot au sein de sa famille. Le navire qui portait les chefs de conjurés fut mystérieusement conduit à l'île de Corse, pour des raisons qu'on ne jugea pas à propos de nous révéler.

Bientôt après on apprit qu'une insurrection formidable venait d'éclater dans l'Ouest ; que beaucoup de propriétaires étaient obligés de chercher un refuge dans les villes ; que les maires qui restaient à leur poste couraient tous les jours risque d'être massacrés ; que plusieurs avaient déjà péri de la main des chouans ; enfin, que la duchesse de Berry dirigeait l'insurrection, n'ayant pas voulu profiter, pour le moment, de l'offre tout amicale que le gouvernement venait de lui faire de la conduire à Holyrood.

En voyant, d'une part, l'audace des carlistes, et, de l'autre, l'apathie du gouvernement, un grand nombre de personnes furent frappées des dangers que courait la France. Elles craignirent que, si la duchesse de Berry venait à se rendre maîtresse d'un point du territoire et à y établir son gouvernement et son drapeau, une coalition nouvelle ne profitât de cette occasion pour nous attaquer, et que le gouvernement ne manquât de moyen ou de volonté pour repousser l'invasion.

Telles étaient, Messieurs, les circonstances au milieu desquelles la France se trouvait le 31 mai, lorsque parurent les deux articles où le ministère public a cru voir une provocation à un attentat dont le but était de changer la forme du gouvernement.

L'orateur donne ici une nouvelle lecture du principal article du numéro du 31 mai, et en discute successivement les divers passages. L'auteur de l'article, dit-il, annonce que deux principes sont à concilier : la révolution et la monarchie ; il prévoit les maux qui se présenteront, si cette conciliation n'a pas lieu ; il raisonne sur un hypothèse ; est-ce à dire qu'il provoque la chose sur laquelle il discute ; ne peut-on pas prévoir la disette, la famine, sans être accusé de l'avoir provoquée ?

L'écrivain dit que, le cas arrivant de la réalisation de son hypothèse, il n'y aura plus en France que deux drapeaux, et qu'il ne se ralliera pas 10 personnes autour de ce qu'on appelle le juste-milieu ; mais cela est incontestable : il est bien évident que si toutes les variétés de l'opinion monarchique se réunissent contre la révolution, la république seule pourra la défendre ; y a-t-il là une provocation ? Le rédacteur ne dit-il pas en même temps que si le malheur d'un changement devenait inévitable, il faudrait fonder le gouvernement nouveau sur les lois ? voilà toute sa pensée, et je ne concevrais pas qu'un homme d'honneur eût pu en émettre une autre.

Mais j'ai à justifier un autre article qui a été plus gravement incriminé ; je veux parler de celui où se trouvent les mots : « Plus de Bourbons. » Pour bien apprécier cet article, il faut, comme pour le premier, se reporter aux circonstances au milieu desquelles il a paru; or, pour être mis au courant de ces circonstances, il n'est pas besoin d'un autre journal que le *National* même. Vous y verrez qu'à ce moment-là l'insurrection de l'Ouest prenait un accroissement formidable; que partout les chouans se levaient; que l'on massacrait les propriétaires; que les maires étaient en fuite.

Me Comte cite quelques passages des nouvelles de l'Ouest, puis il continue : Dans l'article où l'on incrimine les mots *Plus de Bourbons*! il est question des intrigues de la royauté des jésuites; l'écrivain parle du cri qui *rallierait encore* les Français : ce cri a donc *déjà* rallié les Français; c'est donc le cri qui s'est fait entendre en juillet; c'est donc contre les Bourbons chassés en juillet que ce cri a été proféré. Tout à l'heure, M. le général Lafayette a dit qu'on criait en juillet : *Plus de Bourbons! vive d'Orléans!* C'est la justification la plus complète de notre article. Le *National* a ajouté il est vrai : « Tant pis pour la royauté nouvelle si, en ménageant les Bourbons, elle a rappelé qu'elle leur était parente! » Eh bien! il y a là une plainte, quelque chose d'un peu amer, si l'on veut, mais c'est un reproche conditionnel. Si en effet la royauté de juillet n'est pas dans les conditions fâcheuses que le journaliste a prévues, le reproche tombe et perd toute sa force.

J'arrive aux accusations fondées sur l'article publié dans le *National* du 6 juin, article qui fut évidemment écrit au milieu du trouble et des émotions de la guerre civile.

La duchesse de Berry venait de faire, dans le Midi, une tentative que l'énergie et le patriotisme de la garde nationale de Marseille avaient fait échouer.

Le ministère ne s'était signalé, dans cette occasion, que par l'intérêt qu'il avait pris à la femme qui était l'âme du complot. Trois jours avant la capture du navire qui la portait, il avait donné des ordres pour la faire reconduire en Ecosse aux frais de l'état, si sa tentative venait à échouer.

Par suite de l'imprévoyance, je pourrais dire même de la connivence des agens du pouvoir, la duchesse de Berry, débarquée dans le département du Var, avait hardiment traversé la France et s'était rendue dans l'Ouest.

Au même moment, une insurrection formidable s'était déclarée; le drapeau blanc avait été arboré dans quatre départemens par de nombreuses bandes de chouans; tout annonçait une guerre civile sanglante, acharnée.

Vers la même époque, lord Wellington, le général des armées de la sainte-alliance, avait été fait premier ministre en Angleterre : nous étions ainsi menacés d'une troisième invasion, en même temps que nous étions déchirés par la guerre civile.

Enfin, les journaux anglais annonçaient que les frais de l'expédition de la duchesse de Berry avaient été faits, non par les membres de sa famille, mais par l'ex-ministre d'une grande puissance.

Au milieu de ces circonstances, le général Lamarque mourut. Tout annonçait que son convoi, fixé pour le 5 juin, serait très nombreux. Comme député, comme militaire et surtout comme pacificateur de la Vendée, Lamarque comptait un nombre considérable d'amis ou de partisans.

Il est une circonstance qui mérite surtout d'être remarquée : le 4, le *Moniteur* publiait l'ordonnance qui met en état de siége les communes de quatre départemens de l'Ouest, et le 5 devaient avoir lieu les funérailles de l'homme qui avait jadis pacifié ces contrées, et que le ministère avait révoqué des fonctions qu'il y remplissait.

Vous savez, Messieurs, quelle immense multitude de citoyens accompagna le cercueil du général Lamarque.

Cette multitude, à la tête de laquelle on vit beaucoup de membres des deux chambres, plusieurs généraux, et une foule de négocians, de gardes nationaux et d'anciens militaires, était assurément fort inoffensive ; si quelques partisans du désordre ou de la guerre civile s'étaient introduits dans ses rangs, on doit convenir qu'ils étaient peu nombreux, quand on les compare aux citoyens animés de sentimens contraires.

Tandis que les citoyens se livraient ainsi à la manifestation de leurs sentimens, en rendant les derniers honneurs à un militaire qui n'avait jamais tiré l'épée que contre les ennemis de la France et contre les artisans de guerre civile, quelles étaient les mesures que prenaient les ministres pour assurer le repos public et veiller à la sûreté des citoyens ?

La police, depuis plusieurs mois, était instruite des complots formés par les carlistes ; elle savait que des tentatives d'insurrection devaient être faites en même temps dans plusieurs départemens ; elle savait que les royalistes du Midi avaient l'espérance qu'une insurrection éclaterait à Paris le 28 avril, et que Henri V serait proclamé.

La preuve qu'elle le savait est consignée dans le *Moniteur* du 6 mai, dans la relation des événemens de Marseille.

Le 4 juin, le ministère savait également ce qui devait être tenté le lendemain ; il savait, c'est lui-même qui nous le déclare dans ses rapports, que les chefs des carlistes avaient averti les ouvriers affiliés à leurs associations ; que, d'un autre côté, une troupe de conjurés, disciples de Marat et de Robespierre, s'étaient réunis et avaient arrêté leur complot ; qu'ils avaient pris la résolution de se munir de pistolets et de poignards, de se joindre au convoi du général Lamarque, d'amener un conflit avec la troupe, de répandre en même temps dans le peuple des pamphlets qu'ils tenaient préparés, et de se porter à St-Cloud, sur la demeure royale.

La preuve que le ministère connaissait, le 4, toutes les circonstances des deux complots se trouve dans le *Moniteur* du 7, dans les proclamations des préfets et des ministres, et dans les rapports des généraux qui commandaient la force armée.

Il y avait ici, pour les principaux agens de l'autorité publique, deux devoirs à remplir : ils devaient, d'une part, veiller à la sûreté du gouvernement ; ils devaient, d'un autre côté, veiller à la sûreté de la population de Paris, et prendre toutes les mesures prescrites par les lois pour que des citoyens inoffensifs ne fussent pas victimes d'une tentative criminelle.

Est-ce là ce qu'ils ont fait ? Ont-ils rempli les obligations que les lois leur avaient prescrites ? Vous allez en juger ; vous verrez si le rédacteur du *National* a été trop sévère.

Le 4, la conjuration était faite, la résolution d'agir pour renverser le gouvernement était prise ; les moyens d'exécution étaient préparés ; des écrits séditieux étaient imprimés ; les conjurés avaient des poignards et des pistolets ; ils devaient se porter à Saint-Cloud : le crime était donc complet, et les principaux agens du pouvoir en avaient connaissance.

Quel était, dans cette circonstance, le devoir du gouvernement ? Il devait sur-le-champ, dénoncer à l'autorité judiciaire les faits parvenus à sa connaissance. Il devait lui donner le moyen de se saisir des coupables et des pièces de conviction. Les articles 29, 30 et 35 du Code d'instruction criminelle traçaient à l'autorité les obligations qu'elle avait à remplir.

Si les dispositions des lois avaient été suivies ; si l'on avait mis la main sur les chef des conjurés à l'instant même où le complot avait été arrêté, la journée du 5 se serait passée paisiblement ; Paris n'eût pas été converti, pendant 24 heures, en un champ de carnage; la consternation n'eût pas été portée au sein de nos familles, et la France n'aurait pas à déplorer la perte d'une foule d'excellens citoyens.

Je n'examinerai pas quelles raisons eut le pouvoir pour se soustraire aux devoirs imposés par la loi. Il me suffit de dire qu'on pouvait prévenir la lutte sanglante du 5 et du 6, et qu'on ne l'a pas voulu.

Il fut donc résolu qu'avant de frapper les conjurés, on les laisserait suivre leurs desseins, et qu'on prendrait des mesures suffisantes pour les écraser aussitôt qu'ils auraient commencé l'attaque. Une partie des troupes de la garnison occupa plusieurs points de la capitale; l'autre fut consignée dans ses quartiers. En même temps on faisait avancer les troupes de Rueil, de Courbevoie et de Saint-Denis. Le rapport de M. le commandant de la place nous donne à cet égard tous les détails que nous pourrions désirer.

Considérez maintenant, je vous prie, la position dans laquelle se trouve la population parisienne, d'après les rapports mêmes des agens de l'autorité. Uune foule immense de citoyens paisibles, inoffensifs, dépourvus d'armes, suivent le char funèbre d'un homme qu'ils veulent honorer. Parmi eux se sont introduits, suivant les rapports de la police, quelques centaines de misérables soudoyés par les carlistes avec l'or de l'étranger, ou passionnés pour le régime de la terreur. Ces misérables sont armés de pistolets et de poignards, et viennent provoquer un conflit entre la troupe et les citoyens, afin d'engager la guerre civile. Leurs projets sont connus par le ministère: ainsi, sans le savoir, ils sont environnés d'une force suffisante pour les exterminer.

Le pouvoir est donc instruit qu'une lutte sanglante va s'engager entre cette poignée de misérables dont les projets lui sont connus, et les troupes de la garnison; mais quelles mesures a-t-il prises pour mettre à l'abri de la mousqueterie ou de la mitraille cette population nombreuse, au milieu de laquelle les conjurés se sont placés? A-t-il mis à la tête de chaque bataillon ou de chaque escadron un magistrat civil pour avertir les citoyens inoffensifs des dangers qui les menacent, et les sommer de se retirer? Puisqu'on a voulu laisser engager le conflit entre les conjurés et les soldats de la garnison, et convertir Paris en un champ de bataille, qu'a-t-on fait pour placer en dehors du combat la population qu'on avait mission de protéger? Rien, absolument rien.

Je sais bien que cette foule immense de citoyens qui formaient le convoi du général Lamarque se livraient à une manifestation peu agréable au ministère; mais en admettant que ce fût une raison de les priver des garanties que les lois donnent à tous, et de les laisser exposés aux dangers du combat qui allait s'engager, ne devait-on rien à cette foule de femmes, d'enfans ou de vieillards que la curiosité avait attirés? Quels motifs pouvait-on avoir pour les laisser exposés aux coups des combattans?

La troupe elle-même était dans la position la plus horrible où des hommes d'honneur puissent se trouver. Quel parti pouvait-elle prendre, en effet, si elle était attaquée? Il fallait, ou qu'elle se laissât impunément assassiner, ou qu'elle tirât au hasard sur la foule. Et c'est là ce qui est arrivé; c'est là peut-être ce qui a poussé à la révolte une foule de jeunes gens qui se seraient rangés du côté de l'autorité si elle avait observé les lois.

Non seulement aucun magistrat civil n'avait été placé à côté des troupes pour avertir les citoyens des dangers auxquels ils étaient exposés et les inviter à se retirer, mais la garde nationale elle-même n'avait pas été appelée. Il semble qu'on voulait laisser engager le combat avec les soldats de la garnison, afin qu'elle n'eût pas le moyen de le prévenir. Lisez, en effet, tous les rapports que l'autorité a publiés, et vous verrez que dès le matin les troupes de la garnison étaient sous les armes, prêtes à faire feu, tandis que la garde nationale n'a été requise que lorsque le combat a été tout-à-fait engagé.

Dans ces graves circonstances, les magistrats chargés de veiller au maintien de l'ordre public ont gravement manqué à leurs devoirs envers la population de Paris. Le 4, ils savaient que la tranquillité publique était menacée. La loi leur disait ce qu'ils avaient à faire. Rien de ce que la loi prescrivait n'a été fait; c'est dans cette position que le rédacteur du *National* exprime le vœu d'une intervention des députés, de la municipalité, des officiers de la garde nationale. C'est là la principale provocation que contient son article; et cette provocation se réduit à inviter les citoyens à s'abstenir de toute violence.

L'orateur termine son habile plaidoirie par de courtes observations sur les délits groupés par le ministère public autour du chef principal d'accusation.

Me BENOIST a la parole. Messieurs, dit-il, si, à la place d'un procès de presse, vous aviez à juger un attentat ordinaire contre les personnes, une tentative de meurtre, par exemple, l'accusation serait dans la nécessité d'abord de produire une victime, un blessé; elle devrait produire ensuite un accusé, et enfin des témoins. Pourquoi cette triple nécessité de l'accusation pour éclairer la question? C'est que, comme vous seriez étrangers au fait matériel, vous auriez besoin d'entendre la relation de la part de la victime. Pourquoi des témoins? parce que les faits seraient en dehors de votre propre connaissance, et que le récit d'un fait que vous n'auriez pas vu de vos yeux serait indispensable. Enfin, pourquoi un accusé? C'est une question à laquelle je n'ai pas besoin de répondre.

S'il s'agit d'un fait qui s'est passé sous vos propres yeux, l'appréciation vous est plus aisée, c'est vous-mêmes qui êtes témoins; enfin, si le fait vous a été personnel, vous pourrez plus facilement encore apprécier ce fait.

Quant à la presse, dans les procès qu'elle fait naître, il n'y a pas de témoins, parce que le corps de délit est tout palpitant; il n'est besoin de consulter personne sur l'impression produite par le fait incriminé; l'objet de l'accusation est d'établir que la société tout entière a été frappée : or, la société tout entière est représentée par vous; vous vous trouvez à la fois juges et parties.

Je ne pense pas, Messieurs, que ces réflexions préliminaires soient totalement déplacées. Si l'on vous présente les articles qu'a incriminés l'accusation; si l'on vous rappelle l'impression qu'ils vous ont causée au moment de leur apparition, vous pourrez porter un jugement parfaitement sain, et qui devra être accepté avec une entière résignation; si vous ne les avez pas lus au moment de leur apparition, et qu'on vous les lise aujourd'hui, l'époque n'est pas assez éloignée pour que vos souvenirs ne vous replacent pas aisément au milieu des événemens qui les ont inspirés. Mais un usage que je déplore s'est malheureusement introduit dans la manière de procéder de l'accusation. Dans les procès de la presse, l'accusation fait précéder le corps matériel du délit d'un autre délit qu'elle compose, qu'elle ajuste, qu'elle accommode au caractère particulier de l'inculpation; l'accusation ne suit pas l'ordre naturel des idées; elle emprunte à tel article de telle époque un mot, deux mots, trois mots; elle les place à côté de deux, de trois mots qu'elle va chercher ailleurs; l'ordre chronologique dans les publications ne lui importe pas plus que l'ordre logique dans les idées, et cette sorte d'interversion est un second moyen adroit qui est entré dans le domaine habituel de l'accusation : de telle sorte, qu'après que l'accusation a été développée, vous êtes saisis non du corps matériel du délit, mais d'une prosopopée toute effrayante de crimes et de délits.

Mais, dit-on, si vous entravez l'accusation, il faut donc aussi que la défense se taise. Non, Messieurs, la défense a droit à une faveur spéciale. Vous vous prétendez blessé par un écrit ; vous vous interrogez, vous cherchez si en effet l'écrit vous a infligé la plaie de la haine et du mépris public ; mais il se peut qu'une explication simple rectifie vos idées ; il faut entendre celui qui vous aurait blessé. Dans les relations communes de la vie, on entend les explications du prétendu offenseur ; à plus forte raison, lorsqu'il s'agit d'une imputation judiciaire d'une haute gravité, la défense doit-elle avoir le champ libre. Si, malgré tous ses efforts, les juges naturels de l'accusé conservent la persuasion de sa culpabilité, si les explications de la défense ont été entières, elle devra recevoir votre jugement comme le jugement de Dieu même.

C'est, Messieurs, sous l'influence de ces principes préliminaires que j'ai l'intention de discuter sommairement les divers articles soumis à votre décision. Je ne veux soulever aucune passion, irriter aucun intérêt, et, quoique nous soyons plongés dans la politique, je ferai tous les détours qu'il faudra pour tâcher de n'accrocher personne, et vous serez, je l'espère, convaincus que mes efforts, s'ils ne sont pas accompagnés d'un entier succès, auront été dictés du moins par une entière et absolue bonne foi.

Les écrivains, Messieurs, sont dans une singulière situation : si un journal est ministériel, il est, cela est vrai, à l'abri de toute critique ; la carrière lui est ouverte pour toutes sortes de provocations. Mais, à côté des feuilles ministérielles, il y a des besoins, d'autres besoins. Voulez-vous qu'ils soient factices ? je vous le concède : vous voyez que je suis peu exigeant. Mais enfin ces besoins sont réels pour ceux qui croient en être tourmentés. Eh bien ! à ces besoins il faut une tribune. Plus il y a un vif effort de compression de la part de l'opinion qui triomphe, plus la résistance est vive contre elle. Or, abordons franchement la question, et, par une dissimulation maladroite, ne jetons pas un voile sur la vérité, qui sans cela se produirait brillante et incontestable.

A côté du pouvoir et des feuilles qui en dépendent, il y a donc d'autres intérêts ; il y a, par exemple, des carlistes : car, quoiqu'on ait dit plaisamment : « Où sont-ils ? » cette question n'a pas été long-temps répétée, les carlistes se sont montrés ; à ceux qui ne voulaient absolument pas les voir, ils ont crié énergiquement et assez brutalement : « Nous voilà ! »

A côté des carlistes, il y a des républicains ; c'est un mot qu'il faut bien prononcer, et on le fait d'autant mieux qu'il se rencontre souvent sur les lèvres de notre adversaire. Au sein de ces deux partis il y a des schismes, des divisions ; il y a nombre de gens qui admettent de telle opinion ceci, mais non çela ; il en est très peu qui d'une opinion admettent tout ce qu'elle contient.

Est-ce donc à dire que parce que tout le monde n'est pas de l'opinion ministérielle, parce que le système du gouvernement ou le ministère est un peu chagriné par les luttes qu'il a à subir, est-ce à dire pour cela qu'il faille aussitôt fulminer l'interdit non-seulement sur l'opinion de la minorité, mais encore sur ceux qui sont indiqués comme la représentant ? Il faut, Messieurs, que tous, quelle que soit leur opinion, soient en repos à l'abri de la loi. Je ne vous répéterai pas ce qui a été dit avec beaucoup de justesse par M. le procureur-général à la fin de son réquisitoire. Il faut, vous a dit M. le procureur-général, il faut que la presse se maintienne ; moi je dirai qu'il faut non-seulement respecter la liberté de la presse, mais encore pousser ce respect jusqu'à l'adoration ; la liberté de la presse est l'ancre de salut du pays ; avec elle, sans un homme, sans une livre de fer, on sauve tout un pays contre une invasion ennemie.

Tombons donc d'accord qu'il faut liberté de la presse pour toutes les opinions. Sans doute, on ne doit pas en tolérer les excès ; sans doute le mal ne doit pas souiller le bien ; mais où sera la limite ? qui distinguera l'usage honorable d'un droit de l'abus coupable de ce droit ? c'est ici, Messieurs, que, représentans du pays, vous serez juges de la convenance qu'il y a eu à publier dans tel temps, dans telles circonstances, tel ou tel article. N'écoutez pas, Messieurs, pas les suggestions étrangères, ou vous vous destituez vous-mêmes de ce qu'il y a de plus honorable, de plus inviolable dans l'homme, son libre arbitre ; vous renoncez au droit qu'a tout citoyen de soutenir, de faire valoir les principes qui l'ont toujours dirigé.

Cela établi, Messieurs, examinons les articles incriminés ; ayons toujours présente à l'esprit cette pensée fondamentale, que la liberté doit protéger toutes les opinions, ministérielles ou contraires au ministère : car enfin l'opinion qui dit avoir aujourd'hui pour elle la majorité peut, par suite d'un de ces changemens qui ne sont pas rares, se trouver dans une position nouvelle ; le système peut être changé ; le juste-milieu (qu'on me permette de me servir de ce mot, auquel je n'attache point un sens ironique), le juste-milieu peut faire place à d'autres doctrines ; eh bien ! si vous restez fidèles à vos convictions, et c'est là ce qu'il y a de plus honorable pour un citoyen, vous recourrez aux organes de cette opinion ; s'ils sont persécutés, vous éprouverez un juste regret d'avoir aidé, par votre exemple, à cette persécution, d'avoir condamné la presse de telle couleur au profit de la presse de telle autre, d'avoir ainsi en quelque sorte préparé votre propre immolation.

Il faut donc rechercher dans les articles incriminés leur véritable sens, leur véritable portée, et ici ma tâche a déjà été bien abrégée par l'habile orateur qui m'a précédé. Je vous demanderai la permission, Messieurs, de ne pas mettre une trop rigoureuse méthode dans les observations que je veux vous soumettre. Je prendrai chaque article, et, dépouillant toute solennité de langage, je vous demanderai si vous vous sentez réellement blessés, ou si la société que vous représentez l'a été ; si vous croyez qu'il y a eu blessure, dites-moi où, et j'y chercherai un baume qui, j'ose l'espérer, la fermera complètement.

L'article du 6 juin est le plus grave ; sans cet article, probablement on n'aurait pas songé à incriminer les autres et à nous gratifier de poursuites privilégiées ; je prends l'article tel qu'il est, sans même dire pourquoi il s'y trouve quelques expressions un peu dures. Il contient un récit fort simple des événemens du 5 juin, mais empreint de l'esprit du journal, je le reconnais, et il ne peut en être autrement. Les faits, qui sont rappelés avec une exactitude qui n'est pas contestée, sont suivis d'observations de la part du journaliste. Ces observations, dit-on, sont un appel à la révolte ; elles contiennent un cri aux armes qui, selon le ministère public, est un monument de haine et de mépris contre le gouvernement ; mais je demanderai comment on a grandi ce qui était si petit. Comment l'article a-t-il été rédigé ? Au milieu de l'agitation de la nuit du 5 juin, dans cette disposition d'esprit que vous pouvez supposer à un homme qui sent un cœur battre dans sa poitrine et qui est ému des maux de son pays, car on m'accordera bien que l'amour du pays peut se rencontrer dans toutes les opinions, dans tous les partis.

Le *National* a-t-il profité de l'irritation du 5 juin pour répandre au milieu de la population mille et mille proclamations incendiaires? Non-seulement cela n'est pas; mais vous voyez dans l'article des dispositions, des sentimens contraires; ceux que l'on accuse sont ceux qui librement et spontanément écrivaient : « Nous supplions les patriotes, dont nous partageons la trop juste indignation, et qui partagent nos sentimens d'ordre et d'humanité, de considérer comme des concitoyens les militaires qu'on leur oppose, et de se garder de toute provocation envers eux. »

Ainsi, Messieurs, la provocation au désordre, selon le ministère public, était *une provocation à l'ordre*. Où donc est l'attentat? L'attentat! le voici; quoi! vous conseillez aux citoyens d'aller s'adresser aux maires, aux préfets : vous recommandez modération et énergie; vous sollicitez l'intervention de ce qui constitue l'ordre légal! vous provoquez! C'est vrai, Messieurs; mais alors, pourquoi donc n'a-t-on pas mis en accusation MM. Odilon-Barrot, Laffitte et Arago, qui, répondant à la *provocation* du *National*, sont intervenus le 6 juin? Ils sont allés exposer au roi les douleurs et les alarmes publiques; et au nom de quoi, si ce n'est de leurs doctrines, de leur opinion? Le roi, juge suprême de ces opinions, le roi a décidé qu'ils avaient tort, que tout était pour le mieux; eh bien! soit, tout est au mieux; mais toujours est-il que leur démarche était provoquée par l'article du *National*.

Faut-il maintenant que le ministère public aille glaner dans nos interlignes quelques expressions de colère, de mauvaise humeur? Triste récolte, en vérité, et bien insuffisante pour alimenter une accusation de cette gravité. (Rire d'adhésion dans l'auditoire.) C'est assez sur ce point; passons à un autre article, au discours de M. Vidau.

M. Vidau, que je n'ai pas l'honneur de connaître, est, je crois, aussi inconnu du *National*. Il a fait un discours près du corps du général Lamarque; c'était un fait bien public, bien patent. Or, il est du devoir de la presse (il y a des devoirs de position), il est du devoir de la presse d'inscrire les faits de chaque jour. Le discours de M. Vidau fut publié. Je sais qu'on va me dire que le gérant devait examiner avant de publier. Mais c'est là, j'espère, une objection que vous réduirez à sa juste valeur. M. Paulin, qui n'est point un lâche, et qui ne cherche point à se soustraire à une accusation par un mensonge, a pourtant assez d'accusations accumulées sur lui pour ne pas négliger d'en écarter au moins une, s'il le peut faire avec loyauté.

Eh bien! examinons de bonne foi le discours de M. Vidau; certes, la fin est conçue en termes peu modérés, et je ne m'appliquerai point à les justifier l'un après l'autre. Je vous citerai plutôt une publication qui avait bien plus de gravité, et qui n'a donné lieu à aucune poursuite. Tous les journaux ont publié une proclamation de la duchesse de Berry, à laquelle on donnait le titre de régente du royaume. Cette proclamation contenait le licenciement de l'armée et un puissant attrait pour la désertion, la promesse de beaucoup d'argent. Est-ce une provocation à la guerre civile qu'un acte de cette nature? Oui, certainement; mais quand il est neutralisé par les explications qui y sont jointes, il perd toute son importance; c'est ce qui, pour le discours de M. Vidau, se rencontre dans le numéro même qui est incriminé, car le journaliste y dit : « La population veut une satisfaction, elle l'obtiendra si elle se conduit avec modération; et surtout point de ces emblèmes qui rappellent d'horribles souvenirs. » Ainsi donc, à côté du mal de M.

Vidau, il y a le bien de M. Paulin; cela explique que M. Paulin, en citant le discours de Vidau, n'a prétendu que citer un fait appartenant à l'histoire, dont les matériaux sont quotidiennement recueillis par les feuilles publiques.

Quant à l'article sur les *modérés*, l'auteur peut-il être supposé avoir voulu le jeter comme un brandon au milieu de la population? Il raisonne dans deux hypothèses; il voit deux intérêts, deux principes, qu'il faut s'efforcer de concilier *si l'on peut*. Si on le peut en effet, tout l'article est réduit à zéro. Mais le ministère est vraiment extraordinaire de déférer à la justice un article qui met sa force en question. Le *National* a dit *s'il se peut*; le ministère dit aussi *s'il se peut*. Le ministère crie qu'il est fort. Eh bien! cela se peut; mais si cela est, l'article est nul; voilà tout.

Après avoir dit que les uns suivront tel écusson, les autres tel drapeau, on demande ce que deviendra le juste-milieu. Mais la position physique et morale indique ce qu'il deviendra; le *National* a dit qu'il ne lui resterait pas dix personnes; il aurait pu dire qu'il ne lui en resterait pas une. (Rire d'adhésion.) Les dernières lignes de l'article expliquent au surplus très bien que ce n'est qu'une hypothèse. Le ministère nous fait dire, par M. le procureur-général, qu'il poursuit les chouans. C'est à merveille : ainsi il ne s'appuie pas sur eux. Il nous fait dire qu'il est fort contre les étrangers; c'est encore mieux. C'est à dire qu'il les repoussera s'il y a lieu; alors l'article tombe entièrement, il est réduit à rien.

Messieurs, il arrive quelquefois qu'on se jette dans les interprétations et le système de tendance; mais ici cette tendance échappe même à l'accusation: car ce n'est pas spontanément que M. Paulin a publié l'article que nous venons d'examiner; cet article a été provoqué. Un journal dont on ne suspectera pas les opinions monarchiques, et qui, en tout état de choses, n'aura jamais d'affaire avec une justice quelconque (on rit), le *Journal des Débats*, en un mot, a provoqué *le National*. Le *Journal des Débats* dit que le sytème américain est impraticable; qu'une république, quelle qu'elle soit, ne peut s'établir en France qu'avec les horreurs de 93. Quant au *National*, il a la prétention de prouver qu'une république pourrait s'établir autrement: c'était donc pour répondre à une provocation des *Débats* que *le National* publia l'article dont il s'agit; provocation qui suffirait pour excuser une certaine vivacité dans les termes, si cette vivacité était incontestable.

Je passe aux quelques lignes d'un autre article où l'on a incriminé avec tant de violence l'expression *plus de Bourbons* qui s'y trouve. On a prétendu que ces mots constituaient une provocation qui avait retenti au convoi; mais le *National*, à un moment où il ne s'attendait pas à des poursuites, a lui-même expliqué ce mot. Il a dit que le cri *Plus de Bourbons!* avait été provoqué, lors du convoi, par l'insolence d'un légitimiste déclaré, qui avait refusé de se découvrir. Lorsque le *National* parle d'un cri qui rallierait *encore* les Français, il n'a en vue évidemment, ainsi que vous l'a dit mon honorable confrère, que les Bourbons contre lesquels déjà les Français s'étaient ralliés en juillet. Il exprime que la France, ayant accueilli le chef de la dynastie actuelle, non comme Bourbon, mais quoique Bonrbon, repousserait les deux familles, si l'une venait à sacrifier l'intérêt du pays au lien de parenté qui l'unit à l'autre.

M. le procureur-général, non content d'appeler les raisonnemens à son aide, appelle aussi au secours de l'accusation la véhémence des inflexions de voix, et c'est ainsi qu'il dénature notre pensée. Nous avons dit : Tant pis pour la royauté actuelle si elle a identifié son intérêt avec celui de la Vendée et de l'étranger. Cela est hypothétique, nous l'avons déjà dit; la culpabilité ici ne peut dépendre que de la manière dont la phrase est prononcée; si, avec un geste d'indignation et une voix tonnante, M. le procureur-général dit : **TANT PIS** pour la royauté nouvelle, etc. (rire général et prolongé), l'imagination de l'auditoire est frappée; mais si l'on dit tout simplement, et d'un ton paisible : Tant pis pour la royauté nouvelle ! il n'y a plus dans ces mots rien que d'inoffensif et d'inattaquable.

Il est un fait, c'est que le roi a dit à diverses époques qu'il renonçait au titre de Bourbon : il y en a des preuves multipliées; cela résulte notamment d'un article du 30 juillet 1830, publié par le *National* même, alors dirigé par d'autres rédacteurs. Dans cet article, qui était *officiel* il n'y a pas à en douter, la maison d'Orléans était indiquée comme étant tout-à-fait à part des Bourbons déchus, et ayant toute alliance brisée avec la branche aînée.

Mais je vais plus loin. Cette séparation de la maison d'Orléans et de la maison de Bourbon est constatée par un acte d'une haute importance. Si dans l'acte de mariage du roi Léopold et d'une des filles du roi, acte qui contient un assez beau résumé des dénominations aristocratiques (on rit), on avait cru pouvoir ajouter la qualification de Bourbon, on l'aurait fait. Or, cette qualification ne s'y trouve pas ; cependant on sait que dans des actes de cette nature on n'oublie rien de ce qui a pour but de constater une grande existence aristocratique.

Je m'abstiens de discuter la prévention futile d'excitation à la haine et au mépris du gouvernement; je me hâte d'arriver à l'article intitulé : *Lafayette et le général Egalité.* Si cet article était l'œuvre spontanée du rédacteur du *National*, vous auriez à lui demander un compte plus sévère; mais ici encore il y a eu provocation; et, chose remarquable ! la provocation est encore venue du *Journal des Débats.*

Le *National*, Messieurs, est uni de sentimens au général Lafayette, et, certes, Lafayette a été le patron de personnages bien élevés. (Rire général d'approbation.) Le *National* tient pour injure adressée à lui-même tout ce qui n'est pas un hommage pour son illustre ami; c'est sous cette impression que, voyant Lafayette injustement attaqué, il a pris énergiquement sa défense. On peut être indulgent, généreux pour son propre compte; mais on ne transige pas quand il s'agit de l'intérêt d'autrui.

Qu'avait dit le *Journal des Débats?* Il était cependant bien instruit, par une toute récente condamnation de *la Tribune* à une grosse amende et à bien des mois de prison, qu'il ne fallait pas toucher à cette corde de désertion ; eh bien ! il provoque le *National* en écrivant que Lafayette a déserté de son armée. C'était à la fois un mensonge et une injure. Or, la position du *National* était nettement dessinée ; il était question du général Egalité ; on permettait d'employer à son égard le mot *fuir*, pourvu qu'on ne dît point : *déserter*; mais, encore bien que ce mot fût assez déplaisant, surtout devant l'ennemi, le *Journal des Débats* ne s'en était pas servi pour le général Lafayette; il lui avait fallu le mot décisif de désertion. Le *National*, dans cette position, fut obligé, non pas de faire de l'histoire, mais de rappeler l'histoire; et comme l'histoire n'est pas encore *cartonnée*, il y trouva des faits de..... *fuite*, si l'on veut, concernant le lieutenant-général Egalité....

M. PERSIL : *L'aide-de-camp* de Dumouriez.

M. BENOIT : Il était général de division ; mais au surplus, s'il était aide-de-camp, ce n'en serait que plus favorable à la défense. L'écrivain, rappelant ce qui s'était passé, dit que le général Egalité avait *sa part* du jugement qu'avait porté l'histoire sur la conduite de Dumouriez. Je sais très bien qu'il n'est pas reçu de placer quoi que ce soit, comme justification, à côté de ce qui serait un outrage à la personne du roi; je respecte les convenances et la décision de la cour....... Je garde mes convictions; je ne parlerai donc pas du général Egalité, mais je parlerai de Dumouriez; je puis faire de l'histoire à son égard; il ne réclamera pas.

Dumouriez avait eu à cœur de soutenir le feu duc d'Orléans (c'est du *feu* duc d'Orléans que je parle); Dumouriez avait eu à cœur de l'aider dans les prétentions qu'il pouvait avoir et que tout le monde connaît; quand l'événement de 1793 fut arrivé, Dumouriez organisa tous les moyens qui pouvaient faciliter l'exécution de son plan. C'était avec une armée souvent victorieuse sous son commandement, et non encore découragée par le seul échec qu'elle eût essuyé à Nerwinde, qu'il voulait marcher sur Paris et réaliser l'utopie de sa constitution. Il était en présence de l'ennemi; il entra en communication avec Saxe-Cobourg, d'abord par l'intermédiaire du général Mack, et il paraît qu'ils s'entendirent très bien.

Cependant la Convention, qui avait des inquiétudes, envoya des commissaires près de Dumouriez; parmi eux était le ministre de la guerre Burnonville. Leur apparition déconcerta Dumouriez, et c'est pour cela qu'il partit, après avoir essayé d'emmener avec lui son armée; il partit avec son aide-de-camp, et entra dans les rangs étrangers.

Maintenant, qu'y a-t-il là-dedans de vrai, d'incontestable? c'est que le lieutenant était nécessairement le témoin, le confident des résolutions de Dumouriez et de Saxe-Cobourg; sa position était d'être toujours à côté du général en chef: lors donc que le *National* dit que le général Egalité aura sa part du jugement porté sur Dumouriez, c'est là une vérité à laquelle on ne peut se soustraire; mais quelle sera cette part? Pour le décider, il n'est pas besoin de recourir à l'histoire: le général Egalité avait vingt ans; à vingt ans, on peut faire bien des choses qui glissent sans conséquence; si l'accusation attache aujourd'hui une grande importance à la conduite du général Egalité, c'est plutôt d'elle que de nous que vient l'offense. Qui peut, à vingt ans, se flatter d'avoir la maturité qu'on aura trente ans plus tard? ce n'est donc pas un jugement de l'histoire que j'invoque, c'est le jugement que vous porterez vous-mêmes, en citoyens éclairés et désintéressés, sur le degré de participation qu'un jeune homme de vingt ans a pu avoir dans les faits de son général. Nous n'attribuons au général Egalité, dans ces faits, que la part que lui fera l'histoire; et il n'y aura dans l'histoire, comme il n'y a eu dans notre article, rien qui puisse être injurieux pour lui à l'égard de ce fait.

J'ai, Messieurs, épuisé toute l'accusation. Est-il utile au pays que le ministère public vienne vous demander le *service* de rendre un verdict qui frappe d'une manière plus ou moins cruelle le gérant du *National*? Voudriez-vous étouffer l'expression d'une opinion qui est généreuse enfin, qui est le rêve des hommes nourris dans l'étude des écrivains classiques; d'une opinion d'ailleurs qui n'est plus un rêve, car elle fleurit dans un autre hémisphère; elle n'est même pas repoussée de nos institutions; elle y est peut-être plus dans les mots que dans le fond des choses; mais les mots sont pour le plus grand nombre.

Vous relirez les articles incriminés; vous verrez si l'amertume de certaines expressions ne s'explique point par les circonstances; si la colère de quelques passages n'est pas justifiée par la provocation dont le *National* avait été l'objet; vous verrez si, en présence de ces considérations, elle est soutenable cette accusation qui fait frémir lorsqu'on songe à son but, la mort!

(De nombreuses marques d'approbation succèdent à cette spirituelle et éloquente plaidoirie. L'audience est interrompue pendant dix minutes.)

Me DUPONT, défenseur de M. Charles Hingray, imprimeur du *National*, prononce quelques mots en faveur de son client.

Comme le ministère public, dit-il en terminant, je m'en référerai, pour mon client, à la sagesse du jury.

M. PERSIL demande à répliquer.

Messieurs, dit-il, bien qu'on ait blâmé la manière dont j'ai classé dans mon réquisitoire les articles incriminés, je n'en persiste pas moins dans mon système, attendu qu'il est agravant. (Ces mots, prononcés avec l'accent de la fureur, soulèvent une sourde rumeur dans l'audioire.) Non, je ne consentirai jamais à prendre isolément les articles du *National* : car tous ils forment un ensemble parfaitement d'accord avec le but vers lequel marche ce journal. Non, ce n'est pas au ministère que s'attaquent les écrivains du *National*; c'est toujours au gouvernement. Le *National* ne veut pas de la monarchie constitutionnelle; ce qu'il veut, c'est un président élu pour cinq ans, responsable comme aux Etats-Unis. Son principal rédacteur, que j'aperçois ici, ne me démentira pas.

M. A. CARREL : Je m'étonne que M. le procureur-général invoque ici mon témoignage; il sait que je n'ai pas qualité pour prendre la parole et que je ne suis pas en cause.

M. PERSIL : J'en suis très fâché!

M. CARREL : Vous pouviez vous donner la satisfaction de me faire paraître comme accusé.

M. PERSIL : Vous ne vous êtes pas présenté.

M. CARREL : La notoriété publique me désignait; et d'ailleurs vous pouviez me traduire sur le simple soupçon.

M. PERSIL : Nous n'accusons jamais sur des soupçons, mais sur des preuves.

M. CARREL : Beaucoup d'acquittemens prouvent le contraire.

M. PERSIL : Je reprends, Messieurs. Oui, je tiens au système que j'ai adopté. Je commencerai par les articles qui entraînent la peine la moins forte, réservant pour la fin ce que j'appellerai le bouquet. (Rires et murmures prolongés dans l'auditoire.)

UNE VOIX : C'est un bouquet de Persil ! (Nouveaux rires.)

M. PERSIL passe de nouveau en revue ces divers articles incriminés. Il prend d'abord celui qui établit un parallèle entre le général Lafayette et le général Egalité. Il prétend que tout ce qu'on a dit de Dumouriez s'applique également à son aide-de-camp, dans l'intention des auteurs du *National*.

Messieurs, poursuit M. le procureur-général, l'un des défenseurs a reproché au gouvernement d'avoir dit qu'il n'y avait pas de carlistes. Le gouvernement n'a jamais dit cela. Qu'un député, fût-il même ministériel, exprime ces idées à la tribune, ce n'est pas à dire que son opinion soit celle du ministère.

M. COMTE : Ce n'est point un député qui a tenu le propos étrange rappelé par le défenseur ; c'est un ministre ; c'est M. le maréchal Soult.

M. PERSIL : Le premier défenseur a dit, Messieurs, qu'il y avait un complot organisé et tout près d'éclater ; que le gouvernement en était informé; et il lui a reproché de n'en avoir pas prévenu l'explosion.

Oui, sans doute, le gouvernement a su qu'il existait un complot, il en connaissait même les chefs; mais il ne les a point arrêtés, parce qu'il ne pouvait le faire sans sortir de la légalité, parce qu'il manquait des preuves suffisantes.

M. Persil reproduit ensuite les divers argumens de sa première plaidoirie et termine ainsi :

De ces divers articles, Messieurs les jurés, résulte évidemment la provocation, et j'ai démontré suffisamment que cette provocation avait été suivie d'effet. Oui, quand les rédacteurs du *National* disaient : « Le sang crie vengeance ! » ils voulaient exciter les citoyens à s'armer les uns contre les autres ; ils demandaient du sang pour du sang. Aussi, Messieurs les jurés, vous n'hésiterez pas à prononcer contre M. Paulin une condamnation que l'intérêt de la société, la sûreté de la monarchie réclament également. Vous êtes trop bons Français, Messieurs, pour ne pas répondre à cet appel. J'attends votre jugement, qui est celui du pays, avec une entière confiance.

Me COMTE : M. le procureur-général vient d'attaquer l'ordre que j'ai suivi dans la défense ; il aurait voulu qu'à son exemple je me fusse d'abord occupé des accusations les moins importantes, et que j'eusse réservé pour la fin de ma plaidoierie l'inculpation la plus grave.

L'ordre que j'ai suivi, Messieurs, m'était indiqué par la raison et par les lois. M. le procureur-général a porté contre le gérant du *National* une accusation capitale ; il lui a imputé en même temps plusieurs délits qui n'entraînent que des peines correctionnelles. Mais si, comme il paraît en avoir la certitude, la première accusation est fondée, pourquoi s'occuperait-on des autres ? A quoi bon requérir la prison contre un homme dont on va demander la tête avec la certitude de l'obtenir ?

Le ministère public attribue au rédacteur du *National* des opinions républicaines ; il l'accuse de ne pas trouver bonnes toutes nos formes de gouvernement, et il tire de ces opinions la conséquence qu'il a provoqué les citoyens à renverser par un attentat le gouvernement monarchique. Ce raisonnement est tellement vicieux, que s'il était admis, toute discussion sur les lois devrait cesser à l'instant ; il n'est aucun de nous qui ne trouve quelque chose à reprendre dans nos institutions ; mais de ce que, dans notre jugement, nous avons des lois qui ne sont pas les meilleures, s'ensuit-il que nous sommes disposés à les renverser par des provocations au meurtre, à la guerre civile ? Le rédacteur du *National*, dans un des articles incriminés, recommande la modération et le respect des lois : comment concilier de tels sentimens avec les provocations qu'on lui attribue ?

J'ai déjà dit que le gouvernement aurait pu prévenir les violences commises dans les journées des 5 et 6 juin ; qu'il connaissait, le 4, tout ce qui devait se passer le lendemain ; et que s'il avait rempli les devoirs que loi lui imposait, Paris n'aurait pas été transformé, pendant vingt-quatre heures, en un champ de bataille. M. le procureur-général répond que les connaissances que possédait le gouvernement n'étaient pas assez précises ; qu'à la vérité il n'ignorait pas quels étaient les chefs du complot qui devait éclater le lendemain, mais qu'il n'avait pas des preuves suffisantes pour les convaincre.

La preuve que le gouvernement possédait, le 4 juin, des renseignemens précis et positifs se trouve dans le *Moniteur* du 7. Voici, MM. les jurés, ce que nous y lisons : « Le 4 au soir, une réunion de quelques affidés régla le » programme du lendemain. Les affidés les plus entreprenans *convinrent de* » *se munir de pistolets et de poignards*. On arrêta le projet de tranférer le » corps du général au Panthéon... C'était, dans la pensée des meneurs, *un* » *moyen d'amener un conflit avec la troupe, conflit qui faisait l'unique objet* » *de leurs préparatifs. Des pamphlets étaient préparés également pour être* » *répandus dans le peuple*. Les moindres détails du scandale étaient prévus

» et combinés. *Quant au projet de se porter sur Saint-Cloud, nous ne le » mentionnons avec le mépris qu'il mérite que pour ne rien omettre des fo- » lies de ce complot.* De leur côté, les carlistes avaient averti les ouvriers » affiliés à leurs associations. La consigne était de suivre et d'aider tous les » mouvemens des républicains. »

Il n'est donc pas exact de dire que le ministère ne connaissait que d'une manière vague les projets et les moyens des conjurés; le 4, il connaissait le complot jusque dans ses moindres détails; il savait que des armes étaient préparées, que des écrits étaient imprimés pour être répandus dans le public, qu'on devait d'abord compromettre les troupes avec la population et engager la guerre civile; il savait que, pendant le conflit, les conjurés devaient se porter à Saint-Cloud; il savait enfin quels étaient les principaux coupables. Si donc il n'a prévenu les attentat du 5 et du 6, c'est qu'il a voulu les laisser éclater!

Nous connaissions les principaux coupables, dit M. le procureur-général; mais nous n'avions pas des preuves pour les convaincre! Voilà des scrupules bien étranges, et je pourrais dire même bien nouveaux, après ce que nous avons vu depuis seize mois! Quoi! vous n'aviez pas de preuves, et les écrits qui devaient servir à l'exécution du complot étaient imprimés? vous n'aviez pas de preuves, et vous saviez où les conjurés s'étaient réunis, les projets qu'ils avaient arrêtés, les discours qu'ils avaient tenus! vous n'aviez pas de preuves, et les conjurés avaient à leur disposition des pistolets et des poignards!

Mais j'admets que vous n'eussiez pas eu, le 4, des preuves suffisantes pour convaincre la justice, ce n'était pas une raison de ne pas prévenir l'exécution de l'attentat qu'on avait résolu. Pour moi, je le déclare, si j'avais eu l'honneur d'être magistrat, et si j'avais eu connaissance du complot, je n'aurais pas hésité un seul instant à mettre les coupables sous la main de la justice, et à faire saisir leurs écrits, leurs armes et leurs munitions, quand même je n'aurais eu contre eux d'autre témoignage que celui de ma propre conviction. Dans l'alternative d'encourir une responsabilité personnelle ou de laisser Paris et la France s'engager dans les horreurs d'une guerre civile, je n'aurais pas balancé: je me serais compromis, mais j'aurais prévenu la guerre civile. (Mouvement.)

J'avais fait remarquer le soin avec lequel on avait tenu la garde nationale à l'écart, jusqu'au moment où la troupe avait été aux prises avec une partie de la population. Qu'a répondu M. le procureur-général? Il vous a dit que si l'on avait rassemblé la garde nationale dès le matin, l'on n'aurait pas manqué de dire que le gouvernement avait voulu l'empêcher de se joindre au convoi du général Lamarque. Ainsi, le devoir le plus sacré, celui de prévenir une collision qui pouvait causer la ruine de la France, a été abandonné, parce qu'on a eu peur d'un *qu'en dira-t-on*? Qu'on n'accuse donc pas l'éditeur du *National* d'avoir causé les attentats des 5 et 6 juin: s'ils ont eu lieu, c'est que le ministère n'a pas voulu les prévenir.

Suivant M. le procureur-général, le délit d'excitation au mépris et à la haine du gouvernement ne peut pas être contesté; il résulte de tous les termes injurieux, de toutes les imputations outrageantes des articles du *National*. Vous remarquerez d'abord, Messieurs, que, d'après M. le procureur-général lui-même, M. Paulin serait à l'abri de tout reproche, si, au lieu de parler du gouvernement, il n'avait parlé que du ministère. Dans ce cas, vous a-t-il dit, il n'aurait pu y avoir lieu à une poursuite qu'autant que les ministres eux-mêmes auraient porté plainte. Cela est incontestable: telle est en effet la disposition de la loi.

Vous avez donc à examiner si, par le mot *gouvernement*, le rédacteur du *National* a voulu désigner le ministère : or, cela est incontestable. Les articles incriminés ne s'appliquant qu'au pouvoir qui agit pour l'exécution des lois, ils ne s'appliquent qu'aux ministres. Ils sont étrangers aux chambres, au pouvoir judiciaire, aux administrations municipales, en un mot, à cet ensemble d'institutions qu'on appelle le gouvernement. Si donc ils ne s'appliquent qu'aux ministres, et si les ministres n'ont point porté plainte, vous ne devez pas vous en occuper ; vous devez déclarer l'accusé *non-coupable.*

M. le procureur-général a tiré un grand parti du discours de l'étudiant auquel il n'avait fait d'abord aucune attention ; il a prétendu que l'accusation qu'il fait résulter de ce discours est tellement grave, que nous n'avons rien trouvé à y répondre. Je conviens qu'en effet je n'ai rien dit de ce discours ; mais ce n'est pas, comme le croit M. le procureur-général, à cause de l'énormité du délit ; c'est, au contraire, parce que j'y ai fait peu d'attention ; je l'avais oublié.

Vous n'êtes pas appelés ici, Messieurs, pour remplir les fonctions de censeurs ; ce n'est pas un écrit que vous allez juger ; c'est un homme, c'est le citoyen que vous avez devant vous : or, vous devez le juger par les intentions qu'il a eue. Si vous êtes convaincus que le discours sur lequel M. le procureur-général vient d'appeler votre attention a été inséré dans le *National* involontairement, et parce qu'il s'est trouvé confondu avec d'autres au milieu desquels il avait été placé, vous n'aurez pas à examiner les termes dans lesquels il est conçu ; vous déclarerez que l'accusé n'est pas coupable. Dans la publication d'un écrit, comme dans toutes les actions de la vie, il ne peut y avoir délit qu'autant qu'il y a eu intention d'exécuter un fait prohibé par la loi.

Je crois avoir détruit les diverses parties de l'accusation que je m'étais chargé de combattre. Il ne me reste, Messieurs les jurés, qu'à m'en remettre à vos consciences.

Me BENOIT demande à ajouter quelques mots. Je serai, dit-il, fort court. Messieurs, un des rédacteurs du *National*, le rédacteur en chef, est intervenu d'une manière assez étrange dans cette affaire, où il n'est point partie. L'espèce de provocation dont il a été l'objet de la part du ministère public est restée et devait demeurer ici sans réponse. M. Carrel ne peut être mis en cause : il y a des fictions légales devant lesquelles toute autre considération doit disparaître ; ce qui paraît aujourd'hui non expliqué recevra une explication honorable pour nous et satisfaisante pour tous.

On insiste pour que nous ayons offensé la personne du roi ; on soutient, qu'ayant dit que Dumouriez avait déserté, nous avons dit par cela même que son aide-de-camp, qui l'accompagnait, avait déserté aussi. Assurément, Messieurs, je n'ai ni la volonté, ni la témérité deplacée, de dire quoi que ce soit pour effleurer une haute susceptibilité ; mais cependant tous les hommes sont sujets à des faiblesses ; le berceau même dans lequel sont élevés les princes atteste qu'ils ont part aux infirmités humaines. C'est ce que nous avons indiqué ; nous comprenions à merveille que le général Egalité n'avait pas fait un usage libre et spontané de sa volonté, étant sous l'influence de son général en chef ; nous n'avons eu d'autre intention que de repousser une calomnie dirigée contre un homme dont le nom inspire à tous admiration et respect.

Quant aux expressions de vengeance et de justice qui se trouvent dans un autre article, j'ai présenté une interprétation qui s'offrait d'elle-même ; on vous en a soumis une autre ; si elles ont chacune un égal poids à vos yeux, votre justice inclinera pour l'acquittement. Nous avions parlé d'un système qui s'était fait *une nécessité du crime*. Ce sera, comme vous le voudrez, pour le passé ou pour l'avenir que nous avions parlé. Pour le passé ? Le 4 juin on proclamait dans l'Ouest *la loi hors la loi*, les conseils de guerre et leurs sentences. Etait-ce pour l'avenir ? Mais la mise en état de siége de Paris est encore venue justifier cette pensée. Les sentences que rendent les juges sans attributions légales sont des assassinats ; dois-je vous prouver qu'un assassinat est un crime ?

Sur le discours de Vidau, je me suis aussi expliqué. Je pense donc qu'il n'y a pas lieu de s'appesantir davantage sur le prétendu crime ; mais les délits ont bien moins d'importance encore : car si nous n'avons pas provoqué au renversement du gouvernement, nous avons encore moins excité à la haine et au mépris de ce gouvernement.

Messieurs, les procès des cours d'assises sont peu de chose en présence du grand procès qui va commencer devant les chambres ; elles vont se réunir ; peut-être une enquête servira-t-elle à fixer beaucoup d'incertitudes. Déjà hier, un procès a fait connaître qu'une partie de la police était intervenue dans les événemens de juin ; c'est déjà beaucoup qu'elle ait souillé de son intervention des faits aussi graves. (Marques d'approbation.)

Après le résumé de M. le président, le jury entre en délibération, et après une demi-heure il rend le verdict suivant :

« Sur tous les chefs qui leur sont imputés, non, les accusés ne sont pas coupables. »

Aussitôt de vifs applaudissemens éclatent dans l'auditoire. C'est avec peine que M. le président obtient un demi-silence pour prononcer l'acquittement de MM. Paulin et Hingray, qui sont immédiatement entourés de la foule de leurs amis. Le public se retire lentement, aux cris mille fois répétés de : Vive le jury ! honneur au jury !

(Extrait du *National* du 31 août.)

A M. LE PROCUREUR-GÉNÉRAL PERSIL.

Monsieur,

Vous avez avancé hier, en présence de la cour d'assises, à l'appui de la malheureuse accusation portée contre le *National*, dans la personne de mon collaborateur et ami M. Paulin, que le *National* avait nécessairement dû provoquer, par ses articles du 31 mai et du 6 juin, au renversement violent et immédiat du gouvernement établi, puisque la doctrine connue du journal était contraire au principe de l'inviolabilité et de l'hérédité monarchiques.

Les défenseurs de M. Paulin s'étant récriés contre cette singulière argumentation, vous avez cru pouvoir mettre le *rédacteur principal* du *National* au défi de nier qu'il fût adversaire de l'hérédité monarchique, et même partisan de la forme américaine ; puis, sur ma représentation que je n'avais point qualité pour vous répondre séance tenante, vous avez bien voulu me reconnaître le droit de relever le gant dans une autre lice. J'userai de ce droit. Je dirai ce que je crois, et pourquoi je le crois. L'invitation publique que vous m'avez adressée m'autorise et m'oblige à beaucoup de clarté dans mes explications. Je m'efforcerai d'être clair. Je ne se rai point trop hardi, bien qu'un défi tombé de si haut puisse être considéré comme portant avec lui le sauf-conduit nécessaire dans une discussion délicate. Vous n'eûtes jamais sans doute la pensée de me tendre un piége. Le hasard qui vous fit jeter les yeux sur moi à l'audience de la cour d'assises vous a seul inspiré, j'en suis convaincu, l'apostrophe à laquelle je dois de pouvoir exposer mes principes sous la protection de votre honneur. Cette protection, je n'en abuserai pas : j'espère devoir à ma circonspection attentive, plus qu'à la générosité dont votre mouvement oratoire d'hier vous a fait une loi à mon égard, l'avantage de sortir pur, c'est-à-dire sans procès, d'un pas que bien des gens pourraient trouver difficile.

Vous voulez de moi une profession de foi complète. Vous me sommez de répondre nettement à cette question : « Etes-vous partisan de la forme américaine? » Quand je répondrais oui, tout court, votre argumentation n'en serait pas moins vicieuse. Si, en effet, la constitution américaine me paraît le but auquel tendent les efforts de ce temps-ci, il est impossible que j'éprouve pour les emblêmes et pour les passions de 93 la tendresse que supposerait une provocation quelconque, directe ou indirecte, à un retour des scènes de 93. Or, s'il y a eu le 5 juin un autre complot que celui des démonstrations imprudentes de la force armée et des travestissemens de la police subalterne, ce complot vous l'avez caractérisé vous-même comme l'œuvre des doctrines de 93. Entre ces doctrines et les opinions sur lesquelles vous m'interrogez, il n'y a pas analogie, mais antilogie.

Un mot suffit pour dire ce que ces opinions ne sont pas. Rien ne ressemble moins qu'elles au bonnet rouge donné pour emblême du gouvernement d'exception de 93, gouvernement qui dans son temps n'a pu être remplacé par aucun autre, mais qui a répondu à une situation unique dans l'histoire des hommes. La terreur a été un gouvernement d'exception, proclamé tel par ceux qui l'exerçaient. Le gouvernement américain se proclame, avec raison, le gouvernement le plus régulier et le plus légal qui soit au monde. Fût-il encore plus digne d'être imité, je ne conseillerais à personne de tâcher d'y arriver par un mouvement de la nature de celui du 5 juin, mouvement encore inexpliqué, malgré la merveilleuse découverte de l'alliance républicaine-carliste.

Suis-je donc pour le gouvernement américain? Les mots importent peu, et je serai moins effrayant peut-être en disant que je suis pour le gouvernement représentatif bien entendu ; pour le gouvernement du pays par le pays. Cette opinion est celle qui m'a amené à contribuer à la fondation du *National* en 1830. Il me faudra remonter bien haut pour prouver que le *National* d'aujourd'hui ne fait que suivre le développement paisible et régulier du principe qu'il a posé en 1830, principe d'ordre, de liberté, de civilisation. Mais il faut en finir une bonne fois avec ce fantôme d'anarchie qu'on nous montre tout sanglant et tout déguenillé, aiguisant ses poignards sous chacune de nos lignes ; et puisque vous me fournissez, M. le procureur-général, une occasion qui n'est pas dépourvue de solennité, j'en profite. J'espère prouver à beaucoup de gens qu'ils ont peur de leur ombre ; que tout ce qui les effraie dans nos discusssions d'aujourd'hui est ce qu'ils ont professé, cru, soutenu, sous la restauration, avec de très petites différences dans les formules. Quant à moi et à mes amis, si nous avons quelque mérite, c'est d'être conséquens, c'est d'avoir toujours su et de savoir encore la portée de nos doctrines.

Le *National* a été fondé en janvier 1830, sous le ministère Polignac, par plusieurs écrivains qui différaient, alors comme aujourd'hui, sur quelques-unes des conditions fondamentales de l'ordre politique, mais qui s'accordaient à vouloir le gouvernement représentatif dans sa plus grande vérité possible, et qui, par ces mots : *gouvernement représentatif*, entendaient le gouvernement de la France par elle-même.

Il s'agissait de savoir si ce gouvernement était dans la Charte de 1814 bien comprise. Les fondateurs du *National* le croyaient, et ils entreprirent de le prouver.

On sentait déjà le besoin de s'entendre sur le mot de *Charte*. Tous les partis se vantaient de ne vouloir que la Charte, c'est-à-dire qu'ils la voulaient chacun avec ses interprétations particulières.

Jamais constitution n'a prêté autant que la Charte de 1814 aux interprétations, non-seulement les plus diverses, mais même les plus opposées : cela vient de ce que la Charte de 1814 n'a point été délibérée, mais seulement improvisée entre quelques courtisans qui s'emparèrent de l'esprit et de la personne du roi Louis XVIII, à son arrivée à Saint-Ouen.

Le pouvoir absolu, s'étant chargé de faire la Charte, à l'exclusion du pays, avait dû s'y ménager les moyens de la violer quand elle deviendrait pour lui une entrave.

Le pays, qui n'avait point délibéré la Charte, la méprisa pendant plusieurs années comme une œuvre de déception, et ne commença à s'y intéresser que quand l'expérience lui eut appris à résister par elle aux entreprises de la contre-révolution.

Ainsi la Charte était devenue à la longue, sous la restauration, la loi de tous les partis ; mais chaque parti l'interprétait suivant ses intérêts, et l'acceptation du pays n'était que conditionnelle.

Le parti de l'ancien régime entendait la Charte à peu près comme la diète de Francfort entend les constitutions germaniques. Ce parti voulait que la Charte fût obligatoire pour le pays, mais non pas pour la royauté ; il voulait que les chambres votassent l'impôt, mais ne pussent le refuser ; il ne demandait pas mieux que d'avoir la majorité dans les chambres, mais il soutenait qu'à moins d'être factieuses ces majorités ne pouvaient pas refuser leur concours à un pavillon Marsan, à une camarilla, à une congrégation jésuitique, déguisée sous le nom de ministère responsable. Le parti de l'ancienne monarchie prétendait ainsi faire sortir de la Charte tous les abus, tous les caprices non contestés du régime de bon plaisir.

Après cette interprétation de l'ancien régime, venait celle de la célèbre école doctrinaire. La France n'a jamais bien compris les théories gouvernementales un peu nuageuses de cette école, bien qu'elle se soit rangée, dans les élections mémorables de 1827, derrière le talent éclatant et la haute probité politique du seul honnête homme de ce parti, M. Royer-Collard. Les disciples de M. Royer-Collard ne voulaient, pour la plupart, que du pouvoir, ainsi qu'on l'a appris depuis; mais M. Royer-Collard voulait deux choses inconciliables, la légitimité et le principe des majorités parlementaires; il reconnaissait deux souverainetés dans la même Charte: la souveraineté du monarque et celle du pays; il avait dit, en 1817: « La France ne veut pas que le roi rende son épée », et il disait, en 1827: « La France ne veut pas que le roi fasse céder la majorité de la chambre élective. » Cette contradiction dans les opinions de M. Royer-Collard ne l'a pas empêché d'être un homme très utile à son pays pour défendre la presse, les libertés électorales, le principe de l'égalité civile, contre les entreprises de la faction absolutiste; mais elle l'a condamné, lui et tous les hommes qui partageaient sincèrement son opinion, à observer la neutralité dans la crise définitive qui a fait prévaloir la souveraineté du pays sur la souveraineté monarchique.

Ainsi, l'interprétation doctrinaire de la Charte était inconséquente; l'interprétation absolutiste était menaçante pour les libertés de la France.

Il y avait une troisième interprétation de la Charte; c'était celle du parti de la révolution, l'interprétation à laquelle se sont toujours ralliés, en tête de l'opposition des quinze ans, Manuel, Benjamin Constant, Lafayette, Foy, Dupont (de l'Eure); c'était, en un mot, l'interprétation qui faisait prévaloir la souveraineté du pays sur toute autre souveraineté.

Le *National* parut au commencement de 1830, et se consacra à formuler cette véritable interprétation de la Charte devant laquelle allaient bientôt expirer les dernières et audacieuses tentatives de la faction légitimiste.

Jusque-là, l'opposition des quinze ans n'avait combattu que pour fonder la liberté de la presse et les libertés électorales. Dès la fin de 1827, ces libertés étaient définitivement acquises, et, par leur moyen, on venait de faire une conquête bien plus importante encore: on avait enlevé la majorité dans la chambre élective, c'est-à-dire que le pays même était entré en possession du gouvernement.

Tant que la royauté soi-disant légitime avait eu la majorité dans nos assemblées, elle n'avait eu aucun intérêt à se demander si les majorités étaient au-dessus ou au-dessous de la couronne dans la constitution. De son côté, l'opposition des quinze ans ne s'était pas trouvée dans le cas d'examiner de bien près cette question de suprématie; elle avait toujours eu contre elle la couronne et les majorités: entrant à son tour en jouissance de la majorité parlementaire, elle entama la discussion sur la nature, l'étendue, la puissance des prérogatives de la majorité, et un combat à mort s'engagea entre les prétentions inconciliables de la prérogative royale et de la prérogative parlementaire.

Le *National* débuta hardiment dans cette lutte. Comme la Charte avait été rédigée par la royauté, et nécessairement dans un intérêt exclusif de royauté, il fallait bien attaquer la Charte dans ceux de ses articles qui entraînaient la confiscation du tout au profit de la partie.

Le préambule de la Charte proclamait le principe de la légitimité et de l'octroi, ce même principe qui vient d'être consacré de nouveau dans les Chartes germaniques par la diète de Francfort. Le *National* soutint que la Charte n'était pas octroyée, mais conquise ; que la royauté n'existait pas en vertu d'un droit antérieur à la Charte, mais parce qu'elle avait consenti à reconnaître dans la Charte les droits de la France, droits payés par la plus glorieuse et la plus sanglante des révolutions.

L'article 14 déclarait le roi chef suprême de l'état et lui attribuait le droit de faire les ordonnances pour la sûreté de l'état : par exemple, de mettre Paris en état de siége sans prendre l'avis des chambres. Le *National* attaqua l'article 14, non-seulement dans l'attribution exorbitante qu'il revendiquait pour la couronne, mais dans cette définition du pouvoir royal : *Le roi est le chef suprême de l'état.*

En effet, le roi ne pouvait pas plus s'appeler alors qu'aujourd'hui le chef suprême de l'état. Il n'y a, disions-nous alors, de souverain que le pays ; le pouvoir souverain dans l'état, c'est le pouvoir législatif, et il est partagé entre le roi et deux chambres ; quant au pouvoir exécutif, le roi ne l'exerce pas personnellement : *le roi règne et ne gouverne pas* ; ses ministres gouvernent pour lui, et le pays exerce un double contrôle sur les ministres : premièrement, celui de la responsabilité ; secondement, celui du vote de l'impôt.

Il n'y a, disions-nous, aucune des prérogatives de la couronne qui ne soit soumise au contrôle parlementaire : le roi fait la guerre et la paix, mais les chambres peuvent l'empêcher de faire la guerre en lui refusant de l'argent, c'est-à-dire des soldats ; elles peuvent l'empêcher de faire la paix, c'est-à-dire qu'elles refusent leur concours à un ministère qui aurait conclu une paix humiliante ou trop onéreuse ; le roi nomme à toutes les fonctions de l'ordre militaire et de l'ordre civil, mais les chambres peuvent retirer la majorité à un ministère qui contresignerait des nominations désavantageuses au pays.

Ce n'est pas tout, ajoutions-nous : le contrôle des chambres ne peut pas empêcher toute espèce de mal, et l'application de la responsabilité ministérielle peut le punir sans le réparer. Il faut donc que le contrôle des chambres s'exerce sur celui des actes de la prérogative royale qui domine tous les autres, c'est-à-dire sur le choix des ministres : la couronne doit ne prendre ses ministres que dans les majorités parlementaires.

Convenez, M. le procureur-général, vous qui devez vous sentir aujourd'hui, pour toute royauté, des entrailles de fidèle sujet, que c'était là une interprétation de la Charte bien menaçante pour la royauté restaurée. Nous lui disions, et cela en dépit de la Charte :

Vous n'êtes point légitime, mais constitutionnelle.

Vous n'êtes point antérieure à la Charte, vous relevez d'elle.

Vous n'avez point octroyé cette Charte, mais nous l'avons conquise et vous l'avez consentie.

Vous avez le droit de paix et de guerre, mais il ne vous est pas permis de l'exercer sans le concours des chambres.

Vous nommez aux emplois civils et militaires, mais nous défaisons vos choix quand ils ne nous plaisent point.

Vous prenez vos ministres où vous voulez, mais nous les destituons en leur refusant la majorité quand leurs noms sont hostiles au pays.

En un mot, vous ne gouvernez pas, vous régnez ; encore ne régnez-vous pas pour votre intérêt, mais pour le nôtre ; vous occupez héréditairement un poste qu'il ne nous convient pas d'exposer aux orages de l'élection au milieu de l'Europe ennemie, ou tout au moins amie suspecte.

De telles doctrines n'allaient pas à moins qu'à bouleverser tout le système de la Charte de 1814. Nous introduisions dans cette Charte, par le seul secours d'une interprétation hardie et d'une logique impitoyable, le principe de la souveraineté nationale, qui prenait la place de la légitimité monarchique, principe fort ménagé jusque là, si ce n'est admis par l'immense majorité des hommes qui s'intitulaient royalistes constitutionnels.

Aussi, fûmes-nous traités de téméraires par ces mêmes écrivains qui nous combattent encore aujourd'hui dans le *Journal des Débats* ; aussi fûmes-nous désavoués par tout ce qu'il y avait dans les deux chambres de prudens amis de la liberté, qui ne voulaient pas que la controverse politique allât jusqu'à se rendre blessante pour la dynastie régnante. A la tête de ces hommes prudens était M. Casimir Périer.

Je n'ai pas besoin de dire que les gens du roi de ces temps-là, dont beaucoup sont encore aujourd'hui l'ornement et la force du parquet, se déchaînèrent contre ce qu'ils appelaient déjà nos doctrines républicaines. Les écrivains n'étaient pas alors jugés par leurs pairs, c'est-à-dire par les citoyens formant le jury, et nous fûmes deux fois condamnés.

Nous nous entendîmes apostropher en pleine audience de ces éloquentes invectives qui ne sont pas encore passées de mode, à ce que je vois : « Vous êtes d'implacables ennemis de la royauté, vous poussez au renversement de la société, vous tendez à la république, c'est-à-dire à toutes les horreurs anarchiques de 93, car vous ne serez pas maîtres d'arrêter les passions après les avoir déchaînées. »

Nous répondions : « C'est la Charte bien entendue que nous demandons. Vous lisez dans cette Charte la souveraineté exclusive de la royauté; nous y lisons, nous, la souveraineté exclusive du pays. Permis à vous d'appeler cette souveraineté la république. Si la république est en effet dans la Charte, c'est de la Charte qu'il faut avoir peur, et le pays n'a point peur de la Charte; les mots lui importent peu; vous appellerez comme bon vous semblera, république ou monarchie, le gouvernement qu'il réclame; mais ce gouvernement, il le veut impérieusement; il entend faire ses affaires lui-même; la couronne et les chambres ne sont que ses intermédiaires; il prétend avoir action sur les chambres par ses élections, et sur la couronne par les chambres : si c'est là la république, c'est la république sans ses orages, car vous n'avez pas vu que cette république ait encore appelé les échafauds, le pillage et la banqueroute à son secours. »

Telle était, monsieur le procureur-général, notre défense devant les tribunaux de la restauration, et peut-être cette défense nous servirait encore assez bien aujourd'hui : car messieurs les gens du roi n'ont vu dans la révolution de juillet qu'un changement de personnes, et leurs doctrines sont toujours celles que nous combattions dans leurs prédécesseurs.

Nous nous trompions cependant quand nous disions que la Charte de 1814, dans son interprétation la plus libérale, établissait les vrais principes du gouvernement du pays par le pays; qu'elle avait fondé en France la véritable république, la république sans ses orages : car la royauté devait bientôt s'insurger contre le principe de la souveraineté nationale, qui reparaissait à la fois et dans les discussions de la presse et dans la fameuse adresse des 221. Jamais la république n'avait provoqué dans Paris de plus horribles scènes de guerre civile que celle dont nous sortîmes vainqueurs dans les journées à jamais mémorables de juillet.

C'est l'inévitable loi de tous les partis de se diviser après la victoire, et le parti qui avait travaillé avec nous à réaliser le véritable principe du gouvernement représentatif, le principe du gouvernement du pays par le pays, ne s'accorda point sur le plus ou moins d'étendue qu'il fallait donner aux conséquences de la victoire.

Provoqués par la royauté légitime, nous avions vu le peuple passer, avec la rapidité de mouvement qui lui est donnée, de la défensive à l'offensive, sans que l'offensive pût être mise aux voix par ceux qui, les premiers, avaient proclamé le droit et le devoir de la résistance. Le peuple avait agi pendant que d'autres délibéraient. Trois générations de Bourbons étaient chassées de Paris pour n'y jamais reparaître, et le nom de Bourbon était voué à l'exécration éternelle; le drapeau blanc avait disparu, et le drapeau tricolore, emblême de grands souvenirs et d'indépendance extérieure, avait reparu sur l'Hôtel-de-Ville. On criait dans les rues : *Plus d'aristocratie! plus de prêtres ambitieux et insolens!* car la pairie héréditaire et la haute église catholique avaient été complices de l'attentat des hommes du 8 août; on criait aussi : *plus de royauté!* et je me hâte de dire, pour être historien fidèle, que c'était le vœu d'une minorité.

Cependant il fallait savoir discerner, entre tous ces cris, ceux qui exprimaient des faits accomplis, des besoins réels et généraux, de ceux qui n'exprimaient encore que des espérances non réalisables, quoique justes, ou qui n'étaient que l'explosion des colères du moment. C'est ici qu'une scission profonde s'opéra dans le parti patriote, et je dois dire, parce que cela importe à mes explications d'aujourd'hui, que cette scission s'opéra au sein de la rédaction du *National*, jusque-là fraternellement unie.

Avant l'attentat du 25 juillet 1830, nous avions tous été d'accord pour soutenir les principes suivans :

La séparation des trois pouvoirs législatif, exécutif et judiciaire;

L'unité et la responsabilité du pouvoir exécutif ;

Le partage de la législature en deux branches, ou les deux degrés de discussion législative.

Mais nous n'étions pas tous également persuadés que le pouvoir exécutif dût être en même temps un et héréditaire ; plusieurs d'entre nous voulaient conserver le principe héréditaire non-seulement dans le pouvoir exécutif, mais même dans la seconde chambre; les autres avaient toujours repoussé l'hérédité de la pairie, et ne se résignaient à l'hérédité du pouvoir exécutif qu'autant que la majorité nationale voudrait conserver cette hérédité. La rédaction actuelle du *National* était de ce dernier avis.

Je ne rappellerai pas comment, au milieu de l'étonnement de toutes les opinions, le gouvernement provisoire de l'Hôtel-de-Ville accueillit M. le duc d'Orléans, présenté pour la lieutenance-générale du royaume par quelques personnages politiques qui s'étaient empressés de saluer en lui un autre Guillaume III. Vous savez, M. le procureur-généréral, comment on invoqua la nécessité pour transformer bientôt en roi-citoyen le prince qui s'installait à peine en qualité de lieutenant-général, et moi je sais qu'il n'est pas permis de contester la parfaite légitimité du vote des cent trente députés qui disposèrent de la couronne au nom du pays, qui tranchèrent la question de l'hérédité du pouvoir exécutif. Ceux d'entre les rédacteurs du *National* qui approuvèrent sans aucune restriction l'acte des 130 députés se séparèrent de leurs collaborateurs, et entrèrent dans ce gouvernement, qui promettait de réaliser toutes leurs opinions. Ceux qui conservèrent un doute sur le droit qu'avaient eu les 130 députés de saisir le pouvoir constituant se tinrent en observation ; ils composent la rédaction actuelle du *National*

Nous avons plusieurs fois exprimé, mes amis et moi, que si la France eût été appelée, dans le mois d'août 1830, à prononcer régulièrement sur la forme de son gouvernement et sur le choix des personnes, elle eût conservé l'hérédité monarchique et préféré la maison d'Orléans à toute autre famille prétendante ; mais je crois pouvoir ajouter ici qu'une assemblée constituante, c'est-à-dire spécialement appelée à régler toutes les conditions du passage d'un régime à l'autre, eût complètement refait la Charte de 1814, afin de mettre la nouvelle royauté en harmonie avec le grand événement qui lui avait donné naissance.

Les efforts de la rédaction actuelle du *National* pour obtenir que la chambre de 1828 fût dissoute après son vote du 8 août 1830, comme ayant accompli sa mission, furent inutiles, et dès-lors commença la lutte entre les opinions vives qui ne se trouvaient pas assez représentées dans la Charte, et le parti doctrinaire qui, trouvant dans cette Charte, revisée en courant, tout le pouvoir qu'il avait désiré pour lui-même, voulait réduire la révolution à un simple changement de dynastie. Tant qu'on put croire que le nouvel ordre de choses subissait malgré lui les conseils et l'influence du parti doctrinaire; tant qu'il y eut au pouvoir des hommes tels que le général Lafayette, Odilon-Barrot, Laffitte, Dupont (de l'Eure), le *National* fut non-seulement respectueux, mais quelquefois même affectueux pour la royauté du 7 août. Nous voulions qu'une expérience complète, sincère, prononçât sur la compatibilité d'un pouvoir exécutif héréditaire avec le gouvernement représentatif tel que nous l'avions toujours conçu et le concevons encore.

La destitution de Lafayette avait dû ouvrir nos yeux, et pourtant nous doutâmes...... ; mais le 13 mars nous montra l'usurpation d'un parti profondément blessé par une révolution qu'il n'avait pas été maître d'arrêter au point où elle le dépassait, et qui voulait, non pas entendre la volonté librement exprimée du pays, mais fausser la représentation de cette volonté et la faire entrer dans ses combinaisons en recourant aux moyens corrupteurs, aux déceptions et aux artifices qui avaient été déjà employés avec succès sous le règne de Louis XVIII.

Nous ne craignîmes point d'annoncer que le ministère du 13 mars, comme celui du 8 août, serait obligé de violer la constitution pour maintenir son système, et la mise en état de siége de Paris a prouvé si nous nous étions trompés. Déférés au jury pour avoir prévu ce qui est arrivé, nous fûmes acquittés ; ce fut notre premier procès.

Cependant la chambre des 221 était dissoute, des élections générales allaient avoir lieu, nous désirions sincèrement que ces élections fussent telles que le système du 13 mars pût être renversé par la seule action parlementaire. Une grande question restait à vider, celle de l'hérédité de la pairie : nous nous y employâmes pendant l'intervalle des deux sessions de 1831, avec l'ardeur et, je crois pouvoir dire, avec la raison d'hommes qui croyaient avoir quelque chose à mettre à la place de l'aristocratie. L'hérédité législative était déjà détruite quand les chambres s'assemblèrent. La destruction du principe de l'hérédité fut le seul bon résultat de la dernière session. Sur tous les autres points, la chambre des députés se laissa dominer par les terreurs que faisait habilement agir sur elle le directeur visible du système en ce temps-là : j'ai nommé M. Périer. Tous nos intérêts extérieurs furent sacrifiés à la préoccupation de dangers imaginaires. L'intérêt des contribuables fut indignement abandonné dans la discussion sur la liste civile et dans le vote par acclamation du budget des recettes : car ce budget ne fut pas même discuté. On trouva qu'en ordonnançant la dépense on avait logiquement fondé la recette sur les bases les plus favorables à la malheureuse situation des classes inférieures.

Pleins de sollicitude pour les intérêts de ces classes inférieures, dont on ne s'est occupé depuis juillet qu'en leur destinant la loi sur les émeutes, nous avons prouvé, dans la discussion sur la pairie héréditaire, si nous étions les ennemis des classes plus favorisées, si nous voulions enlever à la société toutes ses garanties conservatrices. Nous sommes le seul journal d'opposition qui, en repoussant l'hérédité de la pairie, ayons constamment soutenu le principe du double degré de discussion législative. Tandis que le ministère proposait pour seconde chambre ce qu'on a spirituellement appelé une antichambre ministérielle, nous demandions que notre sénat fût électif, qu'il représentât la véritable, la seule aristocratie compatible avec notre état social, c'est-à-dire la grande propriété. Ainsi, disions-nous, vous pourrez ouvrir sans péril la chambre des députés à la démocratie, tandis qu'aujourd'hui la propriété est représentée exclusivement dans la chambre des députés, l'intrigue ministérielle et très souvent l'ambition nécessiteuse dans la chambre des pairs, et notre virile démocratie nulle part.

Ce n'est point sans un profond sentiment de douleur et d'anxiété que nous avons cru pouvoir constater, dès le mois de janvier dernier, toutes les impossibilités dont s'était entouré comme à plaisir le gouvernement du 7 août. Quand un système s'est créé de toutes parts des embarras si grands qu'il n'en peut plus sortir qu'en faisant à ses risques et périls une trouée, l'effusion du sang est une perspective effrayante pour tout le monde : car les hasards sont égaux entre le bon droit et le mauvais. Ainsi nous n'avons jamais été des fauteurs d'insurrection, comme on nous en accuse. Lorsque ce gouvernement chancelait au début de sa carrière, nous avons été contre les clubs, parce que le droit d'association n'était pas encore fondé par les lois ; nous nous sommes prononcés contre tous les tumultes populaires, parce qu'ils arrivaient dans un moment où nous avions tous besoin de liberté et de sécurité d'esprit pour ne pas laisser prendre au pouvoir nouveau des habitudes funestes. Nous disions alors : *Avant tout, l'ordre dans les rues.*

Mais à quoi devait servir l'ordre dans les rues, si ce n'est à mettre l'ordre dans les lois ? Et, au contraire, plus nous avons fait dans le principe pour maintenir l'ordre dans les rues, plus le parti qui s'est affiché sous le nom de quasi-légitimiste s'est obstiné à maintenir le désordre, la confusion dans les lois, le désaccord entre les institutions et les principes.

Nous avions le mal sous les yeux, et un mal déjà trop grave. A quoi nous eussent servi cette liberté de la presse, ce droit de dire non-seulement ce que nous pensons, mais ce que nous sentons, si, alarmés pour les destinées de notre pays, nous n'eussions pas usé de notre droit d'écrivains, et peut-être de quelques lumières puisées dans l'étude et la méditation, pour indiquer où étaient, suivant nous, les causes du désordre ?

Comme sous la restauration, nous avons donc été conduits à entrer dans l'examen des principes fondamentaux de la constitution. Nous avions dit, en face de la royauté légitime : « Le gouvernement représentatif bien entendu est le gouvernement du pays par le pays; si la légitimité entraîne avec elle des prétentions qui la rendent incompatible avec cette forme de gouvernement, nous serons pour le pays contre la légitimité » ; et nous n'aurions pas eu le droit de dire à la royauté citoyenne : « Si les habitudes qui naissent de l'inviolabilité attachée à une première magistrature héréditaire ne peuvent s'accommoder aux prétentions jalouses d'un pays qui entend se gouverner par des intermédiaires dociles, nous cesserons de voir dans l'hérédité monarchique un principe conservateur de l'ordre; nous nous interrogerons sur les avantages comparés du principe électif et du principe héréditaire en ce qui concerne la première magistrature de l'état? » Si nous n'avions pas pu nous adresser cette question, la révolution de juillet nous aurait donc dépouillés du droit d'examen !

C'est au mois de janvier dernier que nous exprimâmes pour la première fois cette opinion. Passant en revue les principes que nous avions soutenus sous la restauration, nous les maintenions tous. Nous disions : « La France veut se gouverner elle-même, et c'est son droit; elle a cru pouvoir jusqu'ici se gouverner par l'intermédiaire d'un premier magistrat héréditaire et non responsable, avec des ministres responsables, des ministres que les chambres lui imposent et qu'elles destituent en leur refusant le budget. Nous croyons aujourd'hui, et après une expérience de dix-huit mois, que la nation n'arrive point à son but par ce procédé tout simple en apparence ; nous soupçonnons, ou plutôt nous croyons voir, que le premier magistrat héréditaire prend ses ministres où bon lui semble ; qu'il impose à ses ministres son système personnel ; que ce système passe des ministres aux majorités parlementaires par les faciles séductions qu'exerce autour de lui un pouvoir richement doté, et qu'ainsi on a l'inverse du gouvernement représentatif ; que la nation, au lieu de mener son premier magistrat où elle veut aller, est menée par lui où il plaît à celui-ci de la conduire ; qu'en un mot, celui qui règne veut et voudra toujours gouverner ; qu'il le voudra d'autant plus, qu'il en sera plus capable. »

Il n'y eut point de réquisitoire fulminé contre nous à l'occasion de cette déclaration de principes. Loin de là, nous reçûmes les complimens de la presse ministérielle. « A la bonne heure, disait-on, le *National* use de franchise. On voit clairement que le système américain est son utopie : il veut un président électif et responsable ; il en convient, c'est un mérite, tandis que l'opposition de la chambre n'ose s'avouer républicaine et fait tout pour prouver qu'elle l'est en secret. » Où en voulait-on venir par ces applaudissemens donnés à la hardiesse du *National*, par ces reproches adressés à la prétendue dissimulation de l'opposition de la chambre ? à séparer le *National* de l'opposition parlementaire, suivant la maxime qu'il faut diviser pour régner. Bientôt on a cru la division assez marquée, et l'on a commencé à se récrier contre les abominables doctrines d'une feuille qui prêche la révolte, en osant dire qu'il y a des inconvéniens attachés à l'hérédité du pouvoir exécutif.

Ceux qui nous ont adressé ces reproches n'ont probablement pas lu la Charte qu'ils prétendent défendre contre notre droit d'examen.

Qu'est-ce en effet pour le pays que le droit de refuser l'impôt?

Qu'est-ce que le droit de refuser le budget sans même le discuter?

Qu'est-ce que le droit d'accusation contre les ministres attribué à la chambre des députés?

Qu'est-ce que le droit constitutionnel de destituer les ministres par un coup de majorité?

Qu'est-ce que le principe : le roi règne et ne gouverne pas?

Qu'est-ce que le contrôle exercé sur le droit de paix, sur le droit de guerre, sur chacune des attributions d'un pouvoir exécutif héréditaire?

Qu'expriment toutes les autres réserves que s'est ménagées le pays, si ce n'est la défiance que lui inspire une première magistrature héréditaire et irresponsable? Eh! bien, il y a des esprits malheureux qui poussent la défiance encore plus loin et qui croient toutes les précautions de la constitution insuffisantes. En Angleterre, ces précautions sont déjà bien puissantes, puisqu'elles ont obligé, on pourrait dire contraint, Guillaume IV à sanctionner, comme roi d'Angleterre, le bill de réforme pendant qu'il se liguait comme roi de Hanovre avec les despotes de la diète de Francfort contre les libertés de l'Allemagne. Eh! bien, je ne crains pas de le dire, si le roi d'Angleterre avait eu une armée, ou si la ville de Londres n'avait pas joui de ses belles et antiques franchises municipales, malgré toutes les précautions de la constitution, Guillaume IV n'eût pas sanctionné le bill de réforme, il eût fait comme ses alliés du continent et renversé, plutôt que de céder, la puissance parlementaire.

Du vivant de M. Périer, le *National* avait hasardé son opinion sur l'hérédité du pouvoir exécutif, et on ne manquait pas d'opposer la responsabilité de ce ministre, qui avait affiché courageusement la volonté d'attirer tout à lui, les affaires comme les haines. Ses yeux n'étaient pas fermés, que le *Moniteur* nous révélait *une pensée immuable*, à laquelle les partisans du système du 13 mars devaient se rallier, qui avait dirigé le ministre tout puissant en apparence; une pensée qui datait non du 13 mars, mais du 7 août, et qui survivrait à M. Périer. Nous avions deviné et signalé la pensée immuable avant que la perte de son grand représentant l'obligeât à se dénoncer elle-même pour soutenir les courages qui défaillaient Comment la question de l'irresponsabilité monarchique n'eût-elle pas été palpitante d'intérêt et d'opportunité, quand on ne cherchait plus même à faire illusion sur la responsabilité ministérielle? Si le premier magistrat, inviolable et irresponsable qu'il est, pouvait être chef de système, alors toute discussion sur le système deviendrait impossible ; le pays aurait perdu son droit de contrôle. Et qui aujourd'hui osera dire que le pays se gouverne lui-même par les intermédiaires constitutionnels qu'il s'est choisis? Le système du 13 mars est-il venu par hasard du pays aux chambres, des chambres à un ministère, et d'un ministère à la couronne? Non, le pays n'a pas transmis le système ; il le subit, et la constitution ne tient pas parole. Est-il étonnant, dès-lors, qu'on discute les principes fondamentaux de la constitution? C'est là, oui c'est là ce qu'a fait le *National* ; il n'a pas produit les situations diverses par lesquelles nous sommes passés ; il a été conduit par elles à des investigations quotidiennes qu'on appelle des conspirations, et qui ne sont redoutables que parce qu'on les a rendues nécessaires.

En résumé, si le *National* a eu le courage d'indiquer ce qu'il croyait défectueux dans la constitution actuelle, il a déclaré aussi à quels principes il se rattachait ; et ce n'est pas de lui qu'on peut dire qu'il pousse à une anarchie sans but et sans terme. Nous ne sommes pas des hommes de ténèbres, qui craignions de nous montrer au grand jour d'une société policée. Parmi les reproches qui peuvent être adressés au *National*, on ne voit pas figurer celui de je ne sais quelle sauvagerie qui traiterait la civilisation elle-même en ennemie. Jamais les contestations politiques, même les plus passionnées, ne nous ont détournés des intérêts intellectuels et moraux de la société. Les formes de notre langage sont âpres quelquefois, mais non pas grossières. Nous cherchons à être entendus de tous, mais par la clarté de l'expression, et jamais par sa trivialité. Nous ne pouvons pas être des utopistes bien effrayans pour la propriété, car nous sommes les seuls qui ayons proposé de consacrer à la propriété une des branches du pouvoir législatif.

Nous avons vu après la révolution de juillet la nation disposée à faire un nouvel essai de royauté. Cet essai, nous l'avons suivi dans ses commencemens avec bienveillance. Nous ne lui demandions rien pour nous, mais tout pour la France, tout pour ce peuple dont le bien-être nous est cher, tout pour la considération extérieure du drapeau tricolore. Nous avons été sévères quand on nous trompait, hostiles quand on nous montrait de la haine. Il semble qu'on se soit plu à nous convertir, ou plutôt à nous confirmer dans des soupçons anciens, qui n'attendaient que la sanction du temps et de l'expérience pour devenir des convictions.

Ce qui nous est arrivé, non-seulement à nous, mais aux hommes de l'opinion que nous exprimons, était si bien dans le progrès des choses, que j'en trouve en quelque sorte la prédiction dans un article publié par notre ancien rédacteur en chef, M. Thiers, le 19 février 1830. Je ne puis mieux terminer et résumer, qu'en le citant, ces explications déjà bien longues.

« La France veut se gouverner elle-même, disait M. Thiers. » Appellera-t-on cela un esprit républicain? Tant pis pour ceux » qui aiment à se faire peur avec des mots! Cet esprit républicain,

» si l'on veut, existe, se manifeste partout, et devient impossible à » comprimer.

» Il y a deux formes de gouvernement aujourd'hui employées » dans le monde à satisfaire cet esprit: la forme anglaise et la forme » américaine. Par l'une, le pays choisit quelques mandataires, les» quels, au moyen d'un mécanisme fort simple, obligent le monar» que à choisir les ministres qu'ils préfèrent, et obligent ceux-ci à » gouverner à leur gré. Par l'autre, le pays choisit ses mandataires, » ses ministres, et le chef de l'état lui-même tous les quatre ans.

» Voilà les deux moyens connus pour arriver au même but. Des » esprits vifs et généreux préféreraient le second, mais la masse a » une peur vague des agitations d'une république: les esprits posi» tifs calculent la situation géographique et militaire de la France, » son caractère, les troubles attachés à l'élection d'un président. » Ainsi la peur vague des uns, la réflexion des autres, composent » une préfé-rence pour la forme monarchique.

» Le gouvernement devrait se trouver heureux de cette disposi» tion des esprits. Mais cette disposition incertaine, souvent com» battue, a besoin d'être secondée, et il n'y a qu'un moyen de la » seconder, c'est de prouver que la forme monarchique renferme » une liberté suffisante, qu'elle réalise enfin le vœu, le besoin du » pays de se gouverner lui-même. Alors le mouvement des esprits » se fixera. Si on ne produit pas cette conviction, on poussera les » imaginations bien au-delà de la Manche, on les poussera au-delà » de l'Atlantique. »

La conviction dont parlait alors M. Thiers n'a pas été produite en nous par ce que nous avons vu depuis le mois de juillet 1830, et il n'y a pas de loi qui prescrive les convictions. Plus prompts certainement que beaucoup d'autres, nous n'avons pas attendu, pour fixer nos esprits, des extrémités au milieu desquelles les choix éclairés sont toujours fort difficiles. Nous avons fait le grand voyage, et suivant l'expression pittoresque de M. Thiers, nous nous sommes sentis poussés, malgré nous, au-delà de l'Atlantique. Là, nous n'avons pas abandonné nos anciennes doctrines; mais nous avons cru trouver la réalisation la plus complète et la plus vraie de notre éternel principe, que la France doit se gouverner elle-même par des intermédiaires convenablement choisis, et qui fassent non leur volonté, mais la sienne.

J'espère, M. le procureur-général, que vous ne trouverez pas ces explications indignes de la franchise que vous avez bien voulu me reconnaître, et à laquelle vous avez fait appel; j'espère aussi que vous ne remarquerez aucune contradiction entre elles et les défenses qui ont été présentées au nom du *National*. Voilà ce que j'aurais pu dire si j'eusse figuré comme accusé en cour d'assises, et je crois que la déclaration du jury n'eût pas justifié le regret que vous avez paru éprouver de n'être pas chargé de demander ma tête en même temps que celle de mon collaborateur. A. CARREL.

Imprimerie d'AUFFRAY, passage du Caire

www.ingramcontent.com/pod-product-compliance
Ingram Content Group UK Ltd.
Pitfield, Milton Keynes, MK11 3LW, UK
UKHW020945180726
13838UKWH00003B/1126

9 782329 132419